初中班主任专业化成长研究

辛刚　著

延吉·延边大学出版社

图书在版编目（CIP）数据

初中班主任专业化成长研究 / 辛刚著. -- 延吉：
延边大学出版社, 2023.8
ISBN 978-7-230-05276-4

Ⅰ. ①初… Ⅱ. ①辛… Ⅲ. ①初中—班主任工作—研
究②师资培养—研究 Ⅳ. ①G635.16②G650

中国国家版本馆 CIP 数据核字(2023)第 148306 号

初中班主任专业化成长研究

著　　者：辛　刚
责任编辑：王晓习
封面设计：文合文化
出版发行：延边大学出版社
地　　址：吉林省延吉市公园路977号　　　邮　编：133002
网　　址：http://www.ydcbs.com　　　E-mail：ydcbs@ydcbs.com
电　　话：0433-2732435　　　传　真：0433-2732434
印　　刷：延边延大兴业数码印务有限责任公司
开　　本：787毫米×1092毫米　1/16
印　　张：11
字　　数：208千字
版　　次：2023年8月第1版
印　　次：2023年9月第1次印刷
书　　号：ISBN 978-7-230-05276-4

定　　价：45.00 元

前　言

　　学校承担着立德树人的根本任务，班主任是落实立德树人的关键人物，学生的学习质量更是班主任专业化成长的直接体现。初中班主任不仅要负责学生的日常教育管理工作，还需要关注每一个学生的成长和发展，使他们能够健康、快乐地度过初中三年，因此提高初中班主任的专业化水平显得尤为重要。

　　本书从多个角度对初中班主任的专业化成长进行了探讨，第一章概述了班主任的角色定位与班主任制度的变革，为接下来的研究做充足的铺垫；第二章分析了班主任的职业素养，论述了班主任的职业理念、道德素养、知识素养、能力素养、心理素养；第三章探究了初中班主任的工作对象与工作目的；第四章论述了初中班主任工作的常规内容，包括工作的基本任务、日常管理、班级活动的组织与实施、班级教育力量的分类与整合；第五章研究了班主任工作的基本策略，论述了初中班主任的常规教育方法及常用管理模式；第六章分析了初中班主任的成长范式与自我发展；第七章研究了初中班主任的反思性成长，分析了反思的内涵、班主任反思的意义、班主任反思的主要内容、班主任反思的基本途径等相关内容；第八章对初中班主任的教育科研进行了详细论述。

　　本书内容合理、学术性强，提出了初中班主任专业化成长的具体对策，以期为各学校落实初中班主任专业化成长提供思路与借鉴。本书在撰写过程中，参考、借鉴了大量著作与部分学者的理论研究成果，在此一并表示感谢。由于笔者精力有限，加之行文仓促，书中难免存在疏漏与不足之处，望各位专家学者与广大读者批评指正，以使本书更加完善。

目　录

第一章　班主任概述

在现代教育中，班主任不仅是班集体的组织者、管理者，是学生健康成长的引路人，还是学生主要的精神关怀者、影响学生发展的重要他人。班主任应当成为具有专门的职业理论、职业道德、职业技艺的专业工作者。班主任工作是一种不可替代的专门性工作。班主任应当在一定的理论指导下，根据班集体的运作规律和学生的身心发展规律来实施教育。一位优秀的班主任就是一名教育家。本章通过对班级的产生和班主任沿革过程的了解，分析班主任的角色定位，确立班主任的专业地位，促进班主任的专业发展。

第一节　班级与班主任

班级是现代学校制度的产物。班级是一定年龄阶段、发展水平相当的一群学生组成的学校教育教学的基本组织形式。班级工作是学校工作的基本组成部分，班级的教育、教学工作质量直接影响学校的办学水平。

一、班级

（一）班级是班级授课制的产物

现代学校的班级是与"班级授课制"的建立联系在一起的。在古代，无论东西方，学校教育主要是由教师面对个别或少数学生进行的。"班级授课制"的思想萌芽可以追溯到古罗马时期的教育家马库斯·法比尤斯·昆体良。他认为，大多数的教学可以用同样大小的声音传达给全体学生，更不必说那些修辞学家的论证和演说，无论多少听众，每个人一定能全部听清楚。

通常认为，按照年龄阶段区分的"班级"始创于 15—16 世纪的西欧。16 世纪，西欧国家创办的古典中学进行了班级组织的尝试。率先使用"班级"一词的是文艺复兴时期的著名教育家埃拉斯莫斯。他在 1519 年的一份书简中描述了伦敦圣保罗大教堂的学校的情形：在一间圆形的教室里，将学生分成几个部分，分别安排在阶梯式座位上。

"班级授课制"公认的奠基人是 17 世纪捷克教育家夸美纽斯。他在《大教学论》中描述了他所设计的"国语学校"的教育方式："国语学校的一切儿童规定在校度过六年，应当分成六个班，如有可能，每班有一个教室，以免妨碍其他班次。"他在《泛智学校》中说："分班制度通过把学生按年龄和成绩分成班组，在学校中建立起关于人员的制度。……班级不外是把成绩相同的学生结合为一个整体，以便更容易地带领学习内容相同、对学习同样勤勉的学生奔向同一目标。"

（二）班级是学校的基层教育组织

从个别教学到班级教学，不仅意味着原本分散教学的对象被组织到了一起，而且学校教育活动产生了质的变化。班级并不只是许多个体的简单集合，它一旦建立就作为一种教育影响因素而存在。这就是说，很多学生在一起听课，并不是简单的一个教师同时对许多学生发生影响，而是教师的影响必须通过班级环境对学生发生作用，班级本身也成了影响学生发展的因素，作为一种教育组织而存在。学校是一个大的教育组织，由许多班级构成，教育活动在具体的班级组织中开展。班级成为学校的基层教育组织。

（三）班级的基本特点

班级是按照"班级授课制"的培养目标和教育规范组织起来的、以共同学习活动和直接性人际交往为特征的社会心理共同体。因此，班级具有以下特点：

一是班级具有明确的目的性。班级的所有活动都具有明确的目的。组建班级的目的在于通过教师有目的、有计划地组织学生进行学习，使一定数量的学生在一定的修业年限内在各方面达到一定的标准和要求。班级的目的是学校培养目标的具体化，它既要符合社会的需要和学校的培养目标，又要符合班级学生的特点。

二是班级的组成具有限定性。构成一个班级的成员在年龄和文化程度上具有限定性，即其生理、心理的发展水平大致相近，知识水平也大致相同，这是班级不同于其他群体的一个主要特点，也是班级授课的一个重要前提。班级有固定的学生人数，在接受某一类型教育的过程中，除特殊原因外，一个班的学生人数是相对稳定的。一个班级的组成时间有规定的年限，通常是某一阶段教育任务的开始到完成。

三是班级的教学内容具有统一性。在学校教育中，一个班级内的教学内容是统一的，具体体现在国家教育主管部门制定的课程标准和教科书之中。这使学校的教育和教学工作都能有计划、有组织地进行。

四是班级具有严格的组织纪律性。班级一般都有一系列规范化的规章制度和严格的组织纪律，这是保证班级教育、教学活动顺利进行的重要条件。班级所有成员都要严格遵守纪律。

五是班级是静态和动态的统一。我国学校教学组织在纵向上实行年级制，在横向上实行班级制，在某一个年级阶段，班级的学生人数、教师集体基本保持稳定，班级表现出静态性；而一个班级内的师生随着课程的变化、进步快慢的不同，又要出现相应的变换，班级又表现出一定的动态性。

综上所述，班级作为学校教育、教学的基本单位，它不同于一般群体，不是由学生自发组成的，而是由学校根据有关规定和学生的生理、心理发展水平统一编制的。班级群体有正式群体和非正式群体之分。班级的正式群体是指在校行政部门、班主任或社会团体的领导下，按一定章程组成的学生群体；非正式群体是指没有明文规定的，以兴趣爱好相同、感情融洽为基础，由学生自发形成的各种群体。

班级和教学班是既有区别又有联系的两个概念。一般情况下，一个班级就是一个教学班。但有时为完成某种教学任务也采取把同一年级的两个班放在一个教室里授课的形式，这种形式叫单式教学；若把不同年级两个或两个以上的班安排在同一个教室里，由同一名教师进行授课，就叫复式教学。

二、班主任

班主任制产生于班级授课制。既然教学不再一对一进行，教师不再面对个别或少数学生开展教学活动，那么教师的工作任务也就发生了变化，同时对教师的角色也提出了新的要求。一个以班级为对象的教育角色——"班主任"便产生了。夸美纽斯在他的《泛智学校》中设想给每个班"指派固定的教师","教师应占据适当的地位，使他能看到所有的人，而且被所有的人所看见……教师应该像全世界的太阳，站在高处，从那里他能同时对所有的人普照教学的光芒，而且同时能发出同样的光，均匀地照亮每个一人"。夸美纽斯还设想，如果班级学生人数较多就把学生分成组，每组设组长，协助教师管理其他学生。

班主任是学校任命、委派负责组织、教育、管理班级的主任教师。班主任的职责即班主任教育劳动的主要内容是组织、教育、管理好班级。

中国班级授课制从严格意义上讲，开始于1862年京师同文馆的正式创立。该馆采用了编班分级的授课方式。现代中国学制一经产生，就有设班主任的思想。1902年，《钦定学堂章程》规定："学生每班应置教习一人，其教法则每一教习将所认定专教之一班学生按日分门教授。"1903年，《奏定学堂章程》规定："凡初等小学堂儿童之数，六十人以上一百二十人以下，例置本科正教员一人；其力足添置副教员一人者听。"本科正教员就是负责全班教育的工作者。章程规定，"本科正教员通教各科目"，"正教员任教授学生之功课，且掌所属之职务"。这就是人们所说的"学级担任制"。民国初年所颁布的教学法令，除强调正教员通教各科目之外，还明确指出："正教员担任儿童之教育，并掌教育所属事务"（1916年教育部公布的《国民学校令施行细则》）。此时，在教育实践活动中出现了"级任教员"与"学级主任"的名称。如1917年《江苏省立第一中学校学生操行考察规程》规定，"学生操行成绩由学级主任、舍监、学监随时审察默记之，每月按照定式记录于操行考察簿一次"；"每届学期之末，学级主任将各生各月所得审察结果括为期末评定，汇交教务主任"。这里的"学级主任"与班主任并无本质的差别。

中华人民共和国成立后，曾一度在中小学设级任主任，后又撤销级任主任，设班主任。1952年教育部颁发的《小学暂行规程（草案）》和《中学暂行规程（草案）》中，都明确地提出了班级设班主任。1988年，中华人民共和国国家教育委员会颁发了《小学德育纲要（试行草案）》《小学班主任工作暂行规定（试行）》《中学德育大纲（试行）》《中学班主任工作暂行规定（试行）》等文件。由此可见，班主任教育工作是在现代教育实践中逐步发展起来的。

在我国的教育实践中，班主任已经成为各级各类学校教育必不可少的组成部分。从幼儿园到大学，从普通学校到职业学校，都普遍设立了班主任这一工作岗位。我国已经形成了与各级各类学校教育相对应的班主任工作体系，并且逐步向专业化方向发展。

第二节　班主任的角色

　　班主任到底承担着何种角色，这是一个具有重要理论价值与现实意义的问题。对于班主任而言，不断强化角色意识可以帮助他们对班主任工作的地位、作用和价值有一个清晰的认识，让他们更具体地了解自己承担了哪些任务，该以何种方式行事，应如何去影响全体学生。

一、角色的含义

　　"角色"一词源于戏剧，其本意是指演员在舞台上按照剧本规定所扮演的某一特定人物，如主要角色与次要角色、正面角色与反面角色等。美国心理学家乔治·赫伯特·米德首先将这一术语引入社会心理学，用来阐述个体在社会中的身份及其行为。从一般意义上来说，角色至少包含三个要素，即角色是由其社会地位决定的、角色是一套行为模式、这套行为模式符合社会期望。例如，我国教育学家顾明远教授就认为，角色是处于一定社会地位的个体，根据社会的客观期望，借助自己的主观能力适应社会环境所表现出来的行为模式。

　　角色理论有两种：一种是结构角色理论，另一种是过程角色理论。结构角色理论认为，社会是一个由多种相互联系的地位构成的网络，每个地位都有关于其如何承担义务的期望，这些期望由个体的角色理解和角色扮演来传递，并通过角色行为实现，地位和期望共同构成社会结构。结构角色理论主要是在宏观层面对角色的社会构成功能进行研究。过程角色理论主要从微观层面研究个体的角色行为模式以及角色行为中的心理问题。角色行为包括角色学习、角色扮演、角色转换、角色紧张、角色冲突、角色错位和角色失败。其中，角色扮演是角色理论的中心概念，是个人与社会的互动方式，指个体根据自己所处的特定地位，按角色期待进行角色行为。个体作为一个角色所表现出来的有关角色的一切心理状态和行为都是角色扮演的一部分。

二、班主任角色的含义

瑞典现代教育学家托尔斯顿•胡森曾经对教师角色所代表的含义进行了阐释，他认为理解教师角色应当把握三个方面：其一，教师角色就是教师的行为；其二，教师角色就是教师的社会地位；其三，教师角色就是对教师的期望。顾明远也指出，教师角色一是教师的实际角色行为；二是教师角色的期望，包括他人对自己的期望、自己对自己的期望以及自己对他人的期望。据此，笔者认为班主任角色主要是指班主任在班级管理活动中为实现与自身身份、地位相对应的权利和义务，所表现出来的符合社会期望的态度和行为模式的总和。

三、班主任角色的特征

班主任工作对象、工作任务、工作场域、工作方法的独特性，决定了班主任角色与其他角色相比所具有的差异性。把握班主任角色的特征，可以从以下几个方面加以考虑。

（一）示范性

榜样教育是指用他人的高尚思想、模范行为和卓越成就去教育、影响学生。榜样的力量是无穷的。青少年由于社会经验少、生活阅历浅，对于高深的道德观念和完美的品德缺乏具体、深刻的理解和感受。班主任与学生长期相处，其世界观、人生观、价值观乃至于一言一行、一举一动都会深深地影响着学生。在教育实践中，人们往往赋予教育工作者"楷模""榜样""引路人"等角色，其实这都体现了班主任角色的示范性。班主任角色的示范性，要求其不断关注自己的风度仪表、言谈举止、知识修养和思想品德等。

（二）促进性

教育的本质就是培养人，教育目的就是把受教育者培养成为社会需要的人。教育目的是根据一定社会的政治、经济、生产、文化、科学技术发展的要求和受教育者身心发展的状况确定的。它在一定程度上反映了社会对受教育者的要求，是教育工作的出发点和最终目标，也是确定教育内容、选择教育方法、检查和评价教育效果的根据。21 世纪的教育是旨在促进人的发展的教育。那么，结合现代教育的要求，班主任必须以学生为本，促进全体学生的全面健康发展，并最终促使学生达到国家教育的目的和要求。

（三）多样性

班主任还必须融入班级管理和教学之中，扮演好自己的角色。一是执行者角色。学校按照整体规划和学期计划，布置的任何一项工作，班主任都必须认真地组织落实，做到严谨务实。二是领导者角色。已故美国卡内基教学促进基金会主席厄内斯特·波伊尔博士在其著作《基础学校——一个学习化的社区大家庭》中明确提出了"教师的领导者作用"，所以班主任更具有领导者角色。三是管理者角色。班主任的工作是繁杂的，包括上传下达、下情上报、内务处理、外事洽谈等，内容非常广泛，班主任不仅要处理这些工作，还要利用其来教育学生。

（四）激情性

班主任还要具有渊博的学识和火热的激情。因为班主任也是教师，而教师是知识的传播者。班主任不仅应当具有学者的品质，学而不厌，而且应当具有教育者的品质，诲人不倦，充满激情地将思想、知识和技能传播给新生一代。因此，班主任必须富有激情，善于以自己的激情点燃学生的激情，激发学生的自信。

四、班主任角色的定位

班主任工作对象的多样性、工作任务的复杂性、工作环境的多维性等，决定了班主任角色的定位不是一件容易的事情。为此，有必要对班主任所承担的工作职责加以明确，在此基础上对班主任角色进行定位。

（一）班主任的工作职责

班主任的具体工作职责主要包括以下方面。

1.做好学生的教育引导工作

班主任要认真贯彻落实学校德育工作的要求，积极主动地与其他任课教师一道，利用各种途径和机会开展思想品德教育，引导学生明辨是非、善恶、美丑和荣辱；要引导学生从身边的小事做起，"勿以善小而不为，勿以恶小而为之"；要逐步树立起学生的社会主义荣辱观和价值观，确立远大的抱负和志向，增强学生的爱国主义情怀、集体主义素养；要使学生明确人生的目的，端正生活的态度，养成积极健康的行为习惯。

2.做好班级的管理工作

班主任要规范班级的日常管理，维护班级良好的教学与生活秩序，培养学生的规则意识、责任意识、担当意识、集体荣誉感、自豪感，营造民主和谐、团结互助、健康向上的集体氛围；坚持以正面教育为主，对学生的点滴进步及时给予表扬和奖励，对有缺点、错误的学生晓之以理，动之以情，持之以恒，导之以行，进行耐心细致的批评教育；要做好学生的综合素质评价工作，客观公正地评价学生的操行，向学校提出奖惩的建议；要努力营造积极向上的集体氛围，形成富有特色的、充满活力的班级和团队文化；要加强安全教育，增强学生的自我保护意识和能力，维护学生的生命安全。

3.组织好班集体活动

班级活动是良好班集体形成的基本条件，也是学生的思想道德、知识能力等获得提高的基本途径。为此，班主任一定要注意指导班委会、少先队中队、团支部开展工作，担任好少先队中队辅导员，组织开展丰富多彩的团队活动；要积极开展班集体的社会实践活动、课外兴趣小组活动、社团活动和各种文体活动，充分发挥学生的积极性和主动性，培养学生的组织纪律和集体荣誉感。

4.关注全体学生的全面发展

班主任要关心爱护全体学生，平等对待每一位学生，尊重学生的人格尊严；要帮助学生明确学习目的，端正学习态度，激发学习兴趣和学习动机，掌握正确的学习方法和学习策略，养成良好的学习习惯，增强创新意识和学习能力；要了解和熟悉每一位学生的特点、潜能，善于分析和把握每一位学生的思想、学习、身体、心理的发展状况，科学、综合地看待学生的全面发展，及时发现并妥善处理可能出现的不良后果和问题；要注意倾听学生的声音，关注他们的烦恼，满足他们的合理需求，有针对性地进行教育引导，为每一位学生的全面发展创造公平的机会；要采取多种方式与学生展开沟通，有针对性地进行思想品德教育，促进学生德、智、体、美、劳全面发展。

5.综合利用各种教育资源

班主任是学校教育第一线的骨干力量，是学校教育工作最基层的组织者和协调者。班主任要想履行好工作职责，必须树立科学先进的教育理念，遵循初中生身心发展的规律，运用正确有效的教育方法。班主任不仅应该努力协调好各任课教师，做好班级的管理与建设工作、学生的引导与教育工作，积极支持少先队、共青团、班委会开展班级活动，还应该成为沟通学校、家庭、社会的纽带，及时了解学生在家庭、社区和社会的表现，引领家长、社区及其他社会教育机构，共同做好学生的教育管理工作。

（二）班主任角色定位的分类

定位班主任的角色，可以有不同的标准和视角。从目前国内外研究来看，主要存在以下几种定位观点。

1.以班主任的工作职责进行的定位

（1）教育者角色

班主任作为中小学日常思想道德教育和学生管理工作的主要实施者，其工作对象是学生，而不是成年人；工作目的是发展人，而不是控制人。因此，班主任的工作方式主要是教育，而不是管理。虽然教育离不开管理，且适当的管理可以促进教育，但教育并不等同于管理。教育和管理并不是一回事。教育的核心是发展，而管理的核心是秩序；教育以提升为手段，而管理以约束为手段；教育的目的在于灵魂转向，而管理的目的在于行为制约。教育者以人为本，关注学生的全面发展，而管理者以任务为本，关注工作的完成情况。因此，班主任首先是教育者，其次才是管理者，管理是为教育服务的。一方面，班主任应坚持育人为本，德育优先，把立德树人作为教育的根本任务，引导学生形成正确的世界观、人生观、价值观；培养学生团结互助、诚实守信、遵纪守法、艰苦奋斗的良好品质；加强公民意识教育，树立社会主义民主法治、自由平等、公平正义理念，培养社会主义合格公民；把德育渗透于教育教学的各个环节，贯穿于学校教育、家庭教育和社会教育的各个方面。另一方面，班主任应坚持能力为重，全面发展，着力提高学生的学习能力、实践能力、创新能力，教育学生学会生存生活，学会做人做事。

（2）组织者角色

班级是学校的基本单位，是学生成长的摇篮，是班主任工作的基地。作为"班级工作的组织者"和"班集体建设的指导者"，班主任因班级的存在而存在，他既是一"班"之"主任"，又是班集体的一分子。苏联教育家瓦西里·亚历山德罗维奇·苏霍姆林斯基曾指出，班集体是在共同的思想、共同的智力、共同的情感、共同的组织的基础上建立起来的，是一种不可替代的教育资源，是学生成长最直接、最有影响力的课堂。一个深思熟虑的班主任，总是力求在集体中创造一种共同热爱科学和渴求知识的氛围，只要教育了集体，团结了集体，加强了集体，集体自身就能成为一股很强大的教育力量。因此，班主任应以指导班级建设为契机，对学生实施集体教育，推动班集体共同成长。其实，小到班级座位编排，大到班级活动开展，班级组织与管理工作说起来容易，做起来却纷繁复杂。从时间上来看，从开学时的入学教育和组建班级，到毕业时的升学教育和档案整理等，班主任工作的时间跨度较长；从空间上来看，从课堂上的纪律管理到课后的卫生检查，从校内的班级活动到校外的社会实践，班主任的工作范围非常宽泛。

（3）协调者角色

要做好学生工作仅凭一己之力是不可能的，班主任需要经常与任课教师和其他教职员工沟通，主动与学生家长、学生所在社区联系，努力形成教育合力。众所周知，学校、家庭及社会三者的地位与作用各不相同：家庭教育是基础，学校教育是主体，社会教育影响最广。因此，班主任既要做到内外协调、左右沟通、相互促进，成为沟通学校、家庭、社会的纽带，又要充分认识到学校、家庭和社会三者的不同地位与作用，在工作中有所侧重，使其相得益彰。一方面，班主任既要处理好与年级组长、教务处主任及副校长等上级领导的关系，做到"上情下达"和"下情上传"；又要协调好与任课教师、宿舍管理员等同级教职员工的关系，做到左右沟通、相互促进，争取他们的支持与配合；同时还要处理好学生与班干部、学生与教师、学生与社团组织等班内外的各种关系。另一方面，班主任与学生家庭的联络，既可采取家访、电话、短信等"一对一"的方式，也可采用家长会、家长系列讲座、家长委员会及学校开放日活动等"一对多"或"多对多"的方式；与社会的沟通，既可采取邀请模范人物、先进个人来班级开展讲座等"引进来"的方式，也可采用组织学生去社区、企事业单位参与社会实践等"走出去"的方式。

（4）职业者角色

"作风正派、心理健康、为人师表"等选聘条件要求班主任身兼"公民""教师"和"班主任"等多重身份，在遵守相关法律法规的同时，更要遵守职业道德规范，提高自身职业伦理水平。

（5）学习者角色

班主任并不是每个教师都能胜任的，要想成为一名合格的班主任，必须经过专门的训练，掌握系统的专业知识，具备熟练的专业技能。另外，社会信息化、经济全球化、价值多元化等也对班主任工作提出了新的挑战，学生成长的新情况、新特点和家庭背景的复杂化更增加了教育管理的难度。因此，加强培训与学习，走向专业化，既是班主任职业发展的应然取向，也是教育管理工作持续发展的现实诉求。

2.以班主任的人际交往进行的定位

（1）家长角色

班主任开展班级工作，要以学生的健康成长为出发点，以学生的前途和发展为终极目标，让每一个学生鲜活的生命得到珍视，独特的个性得到发展，人生得到充实。在学生面前，班主任要扮演家长角色，以家长的身份出现在学生面前。教育学生时，班主任的语气要平和，态度要诚恳，方法要得当，就像父母在和子女对话一样，在这种状态下，学生的紧张情绪必定会减轻许多，有利于双方沟通。班主任要给学生细致入微的关心和爱护，以家长的身份关心每一位学生的学习、生活情况，培养他们良好的学习习惯和生活习惯。

（2）校长角色

在学生家长面前，班主任还应充当校长角色。班主任在处理学生之间发生的事情时，除了要公平、公正、讲究方式之外，还要让学生信服、家长信服、社会信服，经得起家长、学校、社会的检验，甚至历史的检验。在工作中，有些班主任会将自己的手机号码、QQ号、微信号、电子信箱等都公布给学生家长，让他们随时随地都能联系到自己。家长无论是打电话，还是直接到学校来访，班主任都要持欢迎态度，对家长提出的问题，要热情细致地解答，以诚相待。时间长了，家长就会越来越信任班主任，从而与班主任建立亲密的关系，这无疑更加有利于班级管理工作的开展。

（3）班长角色

在学校面前，班主任代表的就是班级整个集体的形象。班主任要担任好班长角色，就要在班级管理中依据学校对学生提出的要求和规定，和学生一起制定班级学习制度、纪律规范、常规管理制度、作息制度、生活规则。班主任要明确地告诉学生，每个班级成员的一言一行代表的不仅仅是个人，而是整个班集体。班主任要和学生紧紧团结在一起，同参与、共活动，增强学生的集体荣誉感。

（4）学生角色

在任课教师面前，班主任就是班级学生中的一员，应站在学生的立场和角度与任课教师交流，向学校反映问题。有时学校组织考试，班主任也可以以学生的身份，及时地将班级学生的考试情况，包括成绩、差距、经验、教训、学生失分的原因等细致地作出总结，以书面形式向学科教师汇报，以便学科教师取长补短，改进教法，提高质量。当然，充当学生角色的班主任，还应虚心听取各任课教师对班级的意见。实践证明，以学生的角度、学生的视野、学生的思维、学生的观点来思考和处理学科教学问题、师生关系，是较为行之有效的班级管理理念和方法。

3.社会学视角下班主任的角色定位

（1）班级工作的设计者

班主任作为班级工作和学生发展的设计者，要以学生社会化为工作目标，以教育社会化为工作导向，以社会学和社会心理学为理论方法，将教育社会化的思想融入班级工作和学生工作的方方面面，并作出计划和构思。社会化作为一种长期的、综合性的教育目标，在教育实践中常常要求模拟社会情境，对前期计划、现场控制、后期总结的要求非常高。无计划、不设计的工作方式会造成班主任工作杂乱无章、重点不明、目标模糊等问题。因此，工作设计成为教育社会化视角下班主任的一项重要工作。

（2）班级事务的领导者

班级事务的领导者是指班主任在班级事务中，既要发挥教育、指导的作用，又要避免过度参与具体的执行和管理。班主任是班级事务的领导者，有两方面的原因：一是使学生代替教师成为班级事务的主要执行和管理者，是实现教育社会化目标的要求。学生进入社会之后，面临的工作环境往往是为达成某一目标而建立的社会组织，要在这样的组织中生存乃至取得更好的发展和晋升，必须具备人际交往能力、与他人合作的能力、自我管理能力等，这些能力需要在群体组织事务中得到锻炼和发展。二是学生并不是真正成熟的社会个体，班主任不能完全放弃对班级事务的参与，而应该对学生的行为作出引导和纠正，以保证学生社会化发展的正确方向，促进其社会化发展的进程。因此，班主任需要充当班级事务的领导者。

（3）班级社会的模范成员

班主任作为班级社会的模范成员有两层意思：一是作为班级社会的成员，与其他成员是民主、平等的关系；二是班主任应当成为模范的成员，对其他成员具有良好的示范作用。班主任与学生民主、平等的关系是教育社会化的要求，但处理独立、平等、民主的人际关系也需要训练，班主任应当重新审视与学生的关系，在班级中营造平等、民主的氛围，以训练学生适应和处理这种人际关系的能力。

（4）班级社会活动的对外联系人

班级社会活动的对外联系人是指班主任应该应班级和社会的需求，与外界保持联系。班主任对外联系的角色是教育社会化目标的要求。学生进入社会后，最重要的社会适应能力就是融入社会、参与社会活动的能力。这样的能力需要在真实的社会环境中进行训练和培养，因此使更多的社会力量参与到教育中来，使班级更多地接触社会、参与社会活动、进行社会互动是满足教育社会化要求的不二选择。

4.精神关怀视角下班主任的角色定位

（1）精神关的价值意蕴

精神关怀的内容十分广泛，其中关心、理解、尊重、信任是关怀情感的基本表现，也是学生基本的精神需求。班主任要学会关心、理解、尊重、信任学生。关心与理解是紧密联系的，班主任在关心中理解学生、善待学生；关心以尊重为前提，也是尊重的表现；信任是尊重的一种表现，班主任对学生尊重、期待与信任会给学生带来愉快的体验。

一方面，精神关怀是学生成长的需要。学生的成长过程是身体发育和精神发育的过程。学生的精神发育需要一个稳定、适宜、和谐的环境。学生成长过程中出现的心理偏差需要通过精神关怀去发现和矫正；学生的心理创伤需要通过精神关怀去抚平。

另一方面，精神关怀是班主任专业化的需要。精神关怀不仅是班主任专业劳动的核心内容，更是班主任专业化的核心内容。从外在的、日常教育活动的层次看，班主任的工作是组织、教育、管理班级学生；从内在的深层次看，班主任是学生的精神关怀者。班主任要关心学生的全面发展，而关心学生的精神生活和精神发展是其核心部分。

（2）从知识关怀到精神关怀

班主任要成为学生的精神关怀者，就要从对学生的知识关怀转向精神关怀，从知识本位的教育转向人本本位的教育。班主任不仅要关心学生的学习成绩，关心他们的生活状况，更要关心他们的内心世界，关心他们的情感、情绪及其精神生活。哲学家卡尔·西奥多·雅斯贝尔斯认为，教育过程首先是一个精神成长过程。确实，教育过程首先是一个精神成长过程，然后才成为科学获知过程的一部分。在应试教育影响人们的选择，学校的课程设置强调知识、技能的大环境下，班主任尤其要倡导教育的精神关怀，即让学生在学习知识、技能的过程中，情感、态度、价值观也得到协调发展。

每个学生都有自己的发展优势。从智力发展而言，班主任应该提供合适的、具有差异的教育；从精神发展而言，教师应该给学生多一点鼓励，多一点期待，这对学生的发展是极其重要的。

无论何时，班主任应该树立这样一种信念：每个学生都具有发展的潜力，只要为他们提供合适的教育，每个人都会获得成功的人生体验。教育是关注人的灵魂的一项事业。没有精神关怀，就没有真正的教育。班主任是一个特殊的教师群体，是学校中进行道德教育的主要承担者，因此班主任必须学会精神关怀，把教育的智慧与艺术贯穿于日常工作的每一个细节之中，培养出全面发展的人才。

（3）关心学生的心理健康

青少年正处于身心发展的重要时期，随着生理、心理的发育和发展，竞争压力的逐渐增大，社会阅历的扩展及思维方式的变化，他们在学习、生活、人际交往和自我意识等方面可能会产生各种各样的心理问题，如果这些问题得不到及时解决，将会对学生产生不良的影响。因此，对学生进行心理健康教育，是班主任的重要任务之一。班主任要在日常生活和学习中关心学生的心理健康，为学生创设良好的心理氛围，维护学生的心理健康。

第一，要做学生心灵的倾听者。师生之间应当建立一种相互信赖、彼此坦诚的人际关系。这种相互信赖的关系，从第一次见面或谈话起就要注意培养。在谈话中，班主任要表现出对学生所谈的问题感兴趣，认真倾听，而且听得懂。只有这样，班主任才能拥有打开学生内心世界的钥匙。

第二，对学生不良情绪进行调适。教师要善于对学生的不良情绪进行调适，使学生保持一种良好的心理状态。由于各种原因，学生会产生悲观、焦虑、愤怒等不良情绪。对待学生的不良情绪，最好的办法是让他发泄出来，然后因势利导，使之放松心情，尽快进入学习状态。

（4）培养学生的关怀精神

班主任不仅要成为学生的精神关怀者，更要注意培养学生的关怀精神。因为现在的学生大部分是独生子女，他们时时刻刻被关注着、关怀着，这就有可能使他们形成以自我为中心的心理，不会站在别人的角度考虑问题。班主任要帮助学生走进他人的世界，学会关心他人。

第一，走进同学的世界。一方面，班主任要以一些特殊事件为切入口，为学生创造真诚对话的机会，可以先让学生用写的方式表达自己的想法，学会心平气和地交流；还可以建立班级的网上家园，让每个人在网上家园中相互了解、相互帮助。另一方面，班主任要通过开展班级活动，如班级讨论课、主题班会等，搭建真诚对话的平台。班主任可以布置任务：给周围的同学写评语，要求发现他人的优点；详细写下同学所做的让你感动的事；欣赏同学的书面作业；完成一些需要合作的工作或者作业等。

第二，走进教师的世界。帮助学生走进教师的世界，可以先从走近班主任开始。班主任可以给学生讲述自己的家庭，讲述自己的喜怒哀乐，让他们看见教师生活中真实的一面。此外，班主任还要帮助学生走近任课教师。班主任不妨透露一些任课教师的业余爱好以及与教学无关的个人特长，满足学生对教师的好奇心。

第三，走进父母的世界。帮助学生走进父母的世界，一方面要让学生了解自己的父母：父母小时候是怎么玩的？父母最喜欢的色彩是什么？最喜欢吃的食物是什么？他们是什么时候结婚的？另一方面，要教会学生感谢父母，让学生把感激之情说出来、写出来、做出来。班主任可以安排学生完成一项特殊的作业：向爸爸妈妈说一声"我爱你"。这样，学生会对父母有新的认识，和父母的关系也会更加融洽。在母亲节、父亲节的时候，班主任要提醒学生给父母写一封信，感谢父母的养育之恩；在父母生日的时候，班主任要提醒学生买枝鲜花、买张贺卡表示祝福。班主任还可以布置一项长期的家庭作业：为父母分担一些家务。这些做法可以帮助学生走进父母的世界，体会父母那份最深沉、最永恒的情感。

5.核心素养视角下班主任的角色定位

"核心素养"的提出是全球化和信息化时代我国作出的对人才质量标准的重新定位。

（1）与任课教师之间

在传统的班主任和任课教师的职责中，班主任负责对班集体的管理，任课教师负责相应学科的教学。任课教师在教学过程中发现学生的异常情况时往往会将信息反馈给班主任寻求协助，而相反，班主任在管理班级过程中却很少会要求任课教师的参与和协助。究其原因，班主任和任课教师之间相互独立，并无从属关系，这就导致了班级的教师团队相对松散。而这样的格局对学生核心素养的培育显然有所欠缺。

学生核心素养的一个显著特征就是综合性、跨学科性。这意味着，核心素养的培育需要多门学科教师的协同发力、密切配合。而班主任作为本班级所有学生综合素质健康发展的责任人，就需要由协助者转变为班级教师团队的核心，统筹班级全局，群策群力。例如，在教学研讨中，班主任要打破学科界限，发挥核心作用，以班级为单位，组织本班级不同学科的教师一起研讨，共同交流讨论问题，开展针对学生核心素养与学科整合的专项课题研究，各抒己见，明确各自的任务分工，在共事中共同发展。同时，班主任可以组织各种类型的教师非正式交往活动，让任课教师在更宽松、自由的氛围中感受团队建设的必要性。由此可见，班主任需要以培育学生核心素养为目的，汇集班级任课教师的力量，形成一股具有和谐一致的价值取向、相通相融的教育行为、系统协调的教育功能的教师教育合力。

（2）与家长之间

在传统的管理方式中，班主任主要是对学生的在校行为表现进行管理和约束，与家长的交流沟通也仅仅是针对学生在校期间的行为习惯，充当学生在校情况的反馈者。可是，在校外，班主任与任课教师一样，是与学生、家长相互脱离的，是不参与学生校外生活的局外人。家长与学生沟通时出现的问题以及学生在课外生活中遇到的困惑很少能够得到班主任的有效帮助和引导；甚至有的学生在与父母产生矛盾后出现心理问题，这时作为局外人的班主任也无法对此类学生进行有效干预和疏导。但是，"健康生活""责任担当"等素养并不是学生在学校就可以完全习得的，况且学生生成相应素养需要在生活情境中不断反思，这使家庭作为第二课堂的作用越发凸显，亲子的有效沟通交流成为必不可少的环节。

如果说学校教育为学生生成核心素养提供关键场域，那么家庭教育则是学生核心素养内化升华的重要环节。可是，随着生活节奏加快，很多家庭并不知道如何开展家庭教育，甚至亲子沟通都存在一些障碍。这时，就需要班主任由学生在校情况的反馈者转变为亲子沟通的智慧参谋人。

除此之外，班主任要意识到学生在生活情境中反思的重要性，与家长联盟，共同为学生创设反思的环境条件；要帮助学生在课外生活、在与父母的沟通互动中对自身的行为习惯和思维方式进行有效反思，促进学生在与父母的生活实践中，学会运用反思提升"健康生活""责任担当"等素养。

（3）与学生之间

在传统观念中，班主任的主要任务是规范和指导学生的在校行为表现，关注学生的内心世界，是学生全面成长的关护者。在实践中，班主任却常以管理者甚至是指挥者的角色出现。然而，随着学生发展核心素养的提出，传统的管理方式已无法继续适应当前的新环境。在有效培育学生核心素养的过程中，班主任不再是传统班级管理中的领导者，而要帮助学生摆脱被动接受命令的习惯，给学生充分的自主权，有效地组织学生在自主管理中发现自我的价值。而学生作为班级管理的主角，通过与同伴积极有效的沟通交流，生成合作协商的民主意识。这样具备民主氛围的班级就要求班主任由班级事务的管理者转变为学生自主管理的组织参与者。

第三节　班主任制度的变革

伴随着基础教育新课程改革的不断深入推进，以及教育供给侧结构改革、"互联网+教育"等教育新常态的出现，我国班主任制度也处于变革与发展之中。

一、全员班主任制

所谓全员班主任制，是指为了解决班主任负担过重的问题，每班安排一名有班主任工作经验的教师任中心班主任，负责该班的总体管理工作，其他科任教师则任副班主任，各自负责学生管理某一方面工作的班级管理模式。全员班主任制是实行全员德育的有效尝试。长期以来，每班只设一名班主任，既传道，又授业解惑，科任教师则"专"上文化课，只授业解惑，不传道，无形中弱化了其育人功能，加重了班主任的德育负担。全员班主任制，把学生的管理和教育按项目划分给每一位科任教师，促使其既授业解惑又传道，班级德育由单人实施变为群体共进，势必让每个学生都能够得到教师的关注，为实现"全员、全方位、全过程育人"创造条件。全员班主任制还有利于提高德育成效。全体教职工都在不同岗位上担负起育人责任，可以将德育工作做得更细致深入，提高管理的科学性。

二、专职班主任制

所谓专职班主任制，是指学校委派教师专职从事班级管理与教育工作，全职充当班主任角色。其具体职责是：维护班级课堂纪律，及时了解学生的学习、生活情况，做好学生的思想教育工作，及时与家长沟通，向学校主管科室汇报情况，处理班级突发事件等。一方面，专职班主任制的推行有利于学校为学生提供优质的教育服务。由于全面贴近学生，专职班主任能感受到学生的喜怒哀乐，了解学生关注的热点问题，及时为学生释疑解惑，为提高学校教育质量奠定基础。另一方面，专职班主任制的推行也有利于教师自身素质的提高。专职班主任由于专事班级学生教育与管理工作，可以使教学与管理相对分开，容易促进教师专业化，也能促进班主任专业能力的提升。

三、AB 班主任制

所谓 AB 班主任制，是指为了解决班主任工作负担过重的问题，根据教师的年龄、性别、学科、个性特征和管理风格，在一个班级中配备 A、B 两名班主任共同管理班级的管理模式。其中，A 班主任为核心班主任，B 班主任为副班主任。实践证明，一方面，A 班主任和 B 班主任的优化组合，能提高班级教育的针对性和有效性。通过共同设计班级建设方案，使班主任的学科知识、性格、性别、特长与能力等在合作中优势互补，共同提高班级管理水平。另一方面，A 班主任和 B 班主任适当分工，既可培养班主任后备力量，也可以让经验丰富的班主任挤出更多的时间和精力开展学习、研究，加速专业成长。

四、无班主任制

所谓无班主任制，是指各班不再设班主任一职，而是在学生自主管理的基础上，由年级班主任教师进行指导和宏观管理，以实现学生自我发展的班级管理模式。这种模式用"班级导师组制"来取代传统的班主任制，旨在培养学生的主体意识和主体能力。班级所有活动由导师组和学生共同计划，学生自主完成。教师由"管理者"变为

"指导者"，以导师身份走进学生的情感世界，促进学生主体意识的觉醒，实现自主学习、自主管理和自主发展。

第二章　班主任的职业素养

要成为一名合格的班主任，必须具有多方面的职业素养。班主任的职业素养可以从职业理念、道德素养、知识素养、能力素养和心理素养等五个方面进行分析，而这五个方面又各有其自身独特的作用、内容和培养提高的方法，从而形成了一个完整的素养结构系统。

第一节　班主任的职业理念

职业理念也称教育理念，是指班主任在长期班级管理活动中，经过亲身体验和理性思考形成的关于班级管理的规律及其价值的根本性判断与观点。教育理念不同于教育观念，教育观念属于事实的范畴，而教育理念属于价值的范畴，更强调个体的体验和思考；教育理念也不同于教育思想，它不仅是教育思想的基础和支柱，而且是教育思想的典型代表和高度概括；教育理念还不同于教育信念，所有的教育理念都可称之为教育信念，但反之则不然，那些盲目接受和顺从的教育信念，不能被称为教育理念，因为它们缺乏亲身的探索和理性的省思。

一、生本教育理念

生本教育是在我国基础教育改革中应运而生的一种新的教育思想。生本教育理念的内涵可以从以下几个方面加以解读。

（一）以学生为本

以学生为本，也就是以学生的发展为本，这是党中央提出的"以人为本"在教育界的具体体现。以学生的发展为本包括以下含义：

1.全体学生的发展

国家要强大，民族要复兴，除了需要一大批拔尖创新人才外，还需要成千上万的专门人才、数以亿计的高素质劳动者，他们是国家强大、民族复兴的基石。因此，教育要面向全体学生。

2.学生的全面发展

学生要德、智、体、美、劳全面发展，而生本教育正是通过"全面依靠学生""激扬学生生命""激发学生潜能""创造良好的教学生态"使学生自然而然地得到全面发展。在好学、乐学的学习氛围中，学生养成了良好的学习习惯；在互帮互助的团队学习中，学生形成了友爱、和善、乐观的良好品德；在班级自主管理中，学生培养了组织、统筹、自律等能力。生本教育是全面落实素质教育的有效途径。

3.学生的差异发展

我国提倡教育公平、均衡发展，但这和强调学生的差异发展并不矛盾，而是相统一的。每个学生都不一样，学生之间具有差异性。教育公平的终极目标就是尊重主体的差异性，为每个学生提供个性化的指导。

4.学生的主动发展

人生下来就有着自我发展的巨大潜能和内在动力，而一个人能否得到最佳发展，则在于其潜能是否能在适宜的社会环境中加以发掘和提升。作为教育者，发掘和提升学生的潜力，正是班主任的主要职责。这种观念使教育回归本质，即教育是帮助受教育者自我发展的过程。

5.学生的持续发展

如果学生从基础教育阶段的早期就能够接受激发潜能、培养全面素质的教育，而不是仅仅积累一些知识和技能，那在后续的教育中，他们的自我发展潜能会使他们具有很强的持续发展能力。

（二）以生命为本

学生经历了由知之不多到知之甚多、由简单到复杂、由低级到高级的成长过程。这个过程其实也是一个学习的过程。在这个过程中，教育者的责任就是去点燃、发动和激扬生命的潜能与动力。一旦把学生的动力激发出来，把学生的积极性调动起来，学生的潜力就会无穷无尽，学生也会乐在其中，乐而忘返。

（三）以生动为本

教育教学应该是生动活泼的。教学的生动性主要是指学生所学的内容、所参与的学习活动要具有生动性，即学习内容和活动要与学生的生活息息相关，激发学生的兴趣，使学生展现出生动活泼的学习劲头，全情地投入学习。如果教师上课时死抠课本，将宝贵的上课时间用来分析、研究大量的知识点、知识片段，那学生所学到的就只能是缺乏生命力的知识，课堂的生动性也就只是一句空话。课堂的生动活泼是学生表现出来的一种良好的学习状态。让学生学习那些充满生命力、有价值、有意义的知识，让他们不断在活动中取得进步和提升，整个学习过程就会生动活泼，显现出无穷的乐趣。

（四）以生长为本

教育的目的是促进人的生长。教师是园丁，但园丁的作用不是把花草修剪整齐，而是想办法让它百花争艳，让每一个学生的长处都得到发扬，让每一个学生的短处都能转化为长处。概言之，就是要让所有的生命都自然、健康地生长。秉持这种"生长观"的生本教育承认每个学生都有自身的发展规律和发展周期，并给予学生充分的发展时间，反对用频繁的、低效的评价去干扰学生的自然发展。

二、素质教育理念

所谓素质教育，是指依据人的发展和社会发展的实际需要，以全面提高全体学生的基本素质为根本目的，以尊重学生主体性和主动精神、注重开发人的智慧潜能、注重形成人的健全个性为根本特征的教育。素质教育具有以下几个基本特征。

（一）促进全体学生的发展

素质教育是面向全体国民的教育，对各级各类学校而言，则是面向全体学生的教育。面向全体的核心是教育机会平等。教育机会平等包含三层含义：一是受教育权利和义务的平等；二是受教育机会平等；三是教育结果的相对平等，即每个学生在接受某一阶段教育后都能达到国家规定的最基本的标准，都能获得学业上的成功，都能在德、智、体、美、劳等方面获得全面发展。

面向全体除了依法保障学生学习发展的基本权利，还指在教育过程中应该面向每一个有差异的学生。面向全体学生，最终要落实到百向每一个具体的学生。而每一个具体的学生又各不相同，互有差异。素质教育并不否认培养英才的意义，而是在面向全体的基础上用民主的方法扩大教育的基础，使所有个人的才能都能得到实现，这样便促进了天然的杰出人才的产生。就是说，素质教育是一种民主性教育，在这样的教育模式、教育氛围中，各种杰出人才都会"天然"地产生。机会平等是每一个人都能受到适当的教育，而且这种教育的进度和方法是适合个人特点的。努力开发每个学生的特长和潜能，使每个人都在原有的基础上得到最大潜能的发展，这是面向全体学生的真谛。

（二）促进学生的全面发展

素质教育要求全面发展和整体发展，要求德、智、体、美、劳等各方面并重，要求全面发展学生的思想政治素养、文化科学素养、身体心理素养、审美情操素养和劳动技能素养等。

全面发展与因材施教是辩证统一的关系。素质教育中的全面发展就个体而言，是指"一般发展"与"特殊发展"的统一；就群体而言，则是指"共同发展"与"差异发展"的统一。在教育教学过程中，要把群体培养目标与个体发展目标统一起来，把培养优秀人才的任务与提高劳动者素质的任务统一起来，在保证合格率的基础上提高优秀率。

全面发展的实质是最优发展和面向全体发展。全面发展并不是平均发展，不是齐步走。分层分组教学是一种既能适应个别差异，又能提高效率的教学组织形式。这和传统意义上的快慢班有着根本不同。从目的上来看，传统的快慢班实际上是一种英才教育的模式，而分层分组教学则着眼于每一个学生都能在原有基础上获得良好发展；

从教育资源配置来看，在传统的快慢班中，快班学生享有较好的教育资源，而在分层分组教学中，教育资源的分配则是公平的甚至是补偿性的。

（三）重视学生创新精神和实践能力培养

素质教育要以培养学生的创新精神和实践能力为重点。教师在重视培养学生创新精神的同时，还要改变那种只重视书本知识、忽视实践能力培养的偏向；要调整和改革基础教育课程体系、结构和内容，建立国家课程、地方课程和校本课程结构，建立新的基础教育课程与教学体系；要改变强调学科体系、脱离时代和社会发展以及学生实际的状况，加强课程的综合性和实践性；要重视实验课教学，培养学生的动手操作能力；要增强农村义务教育课程、教材与当地经济社会发展的适应性。教育与生产劳动相结合，是培养全面发展人才的重要途径。各级各类学校在加强学科教学中的实践环节的同时，还要从实际出发，加强和改进对学生的生产劳动与实践教育，使其接触自然、了解社会，培养实践能力，培养热爱劳动和艰苦奋斗的精神。学校要积极鼓励学生参加形式多样的课外实践活动，培养学生的动手能力。社会各界要为学校开展生产劳动、科技活动和其他社会实践活动提供必要的条件，同时还要加强学生校外劳动和社会实践基地的建设。

（四）培养学生主体精神，注重学生个性发展

主体是指从事现实活动的人，即活动的承担者和发动者。主体精神是人作为活动主体在自觉活动中表现出来的一种性状，既包括主体的能动性、创造性和自主性等精神因素，也包括主体将这些精神因素物化为活动成果的能动因素。素质教育的主体性是指在素质教育过程中，管理者、教育者、受教育者的主体意识的充分觉醒，包括主体潜能在内的主体能动性的充分发挥，主体精神世界和意志的充分拓展，主体素质的全面提高。素质教育以突出受教育者的主体精神为重要标志，将所有的教育活动都建立在学生主动需要的基础上，学生的学习活动是在学生自主探索的过程中进行的，以满足学生的学习需求为直接目的。素质教育还应从促进学生主动精神出发，不仅仅把学生当作认知体，更重要、更本质的是把学生看作包含认知方面和非认知方面的完整的生命体。素质教育要指导学生怎样做人，帮助其形成强大的人格力量和积极向上的精神风貌。

（五）着眼于学生终身可持续发展

终身教育是现代教育的重要标志之一。素质教育具有终身的性质，素质教育应该从基础教育阶段扩大到各级各类教育。从纵向来说，素质教育将体现教育的连续性和一贯性，强调学前经验和学校学习的结合，强调各级教育在组织和内容上的一体化。从横向来看，素质教育体现家庭、学校、社会的一体化，体现了教育与生产生活的密切结合。作为终身教育体系基础的学校教育，不仅要传授知识，更要为每个学生的终身发展奠定基础。

三、主体教育理念

何谓人的主体性？在教育理论中，学者们更多的是从哲学角度加以理解，认为人的主体性是指人作为社会活动主体作用于客体时表现出来的特性。它是人区别于其他动物的标志，它最能体现人的本质力量。而学生的主体性包括两种含义：一种是人在自我发展中的主体性，这是处于发展和提高过程中的不成熟、不完全的，开始时甚至是很微弱的主体性，它属于教育与发展过程的问题，是在教育过程中需要调动、培育和提高的学生的主体性；另一种是人在历史发展中的主体性，这是在社会作用包括教育影响下学生达到一定发展水平，能独立自主地发挥能动作用的主体性，它属于教育目的和结果的问题，是教育应塑造、追求和实现的学生在未来发展中成为社会主体的人的主体性。为了造就具有主体性的社会成员，弘扬人在社会历史发展中的能动作用，就必须注重在教育过程中调动、培养和不断提高学生的主体性。

学生作为一个正在成熟和发展中的个体，他的主体性需要通过多种途径进行培养和发展。而教育作为学生生活极为重要的组成部分，作为一种有目的、有计划、有组织地培养人的社会实践活动，是通过促进人的社会化和个性化来展开的。人的社会化和个性化的过程，就是不断培育与展现人的主体性素质的过程，其结果便是使个体由自然人逐步成为社会生活的主体、社会活动的主体。只有这样的人才能主动、积极地参与社会生活，并为社会进步作出贡献。从这个意义上讲，教育在本质上是对个体主体性的培养过程，是一种主体性教育。那么，什么是主体性教育呢？所谓主体性教育，是指根据社会发展的需要和教育现代化的要求，教育者通过启发、引导受教育者内在的教育需求，创设和谐、宽松、民主的教育环境，有目的、有计划地组织、规范各种教育活动，从而把他们培养成为独立自主、自觉能动地进行认识和实践活动的社会主体。总而言之，主体性教育是一种培育和发展受教育者的主体性的社会实践活动。主体教育理念具有以下特征。

（一）思想层面的科学性与民主性

学生主体性发展的重要基础是其生理、心理、文化结构的全面、和谐、充分发展，而不是某个方面或局部的发展。学生的主体性素质是一种综合的、整体的素质，各要素之间具有相互影响的内在制约关系，即一种主体性素质的发展，有助于促进其他主体性素质的提高。主体性教育是在尊重学生的主体地位、学生学习发展的客观规律的基础上，对学生进行全面、科学的引导，促使学生在自主发展的教育教学过程中不断建构合理的观念结构、知识结构、智力结构和方法结构。

主体性教育是在师生共同营造的活泼、生动、和谐、民主、平等的教育氛围中进行的。民主平等的人际关系，是学生主体性发展的基本条件和前提。主体性教育认为，师生关系应以民主平等为基本原则和基本价值取向。民主性主要表现在两个方面：一是把教育变成一种民主的生活方式，尊重学生的主体地位；二是使教育过程成为学生民主思想、民主精神、民主参与能力的培养过程，以民主化的教育造就一代富于主体性的新人。

（二）实践层面的活动性与开放性

学生主体性发展是以活动为中介的，学生只有投身于各种活动之中，其主体性才能得到良好的发展。学生主体性的形成与发展，究其实质可以抽象为两个方面：一方面是通过活动不断地将人类现实据为己有的内化过程；另一方面是通过活动不断地将已有的心理品质表现出来的外显过程。学生的主体性正是通过内化与外显的无数次交替而逐步形成、发展和完善的。学生在活动中形成了主体性，在活动中表现出主体性，活动是影响学生主体性发展的决定性因素。从某种意义上讲，主体性教育就是对学生学习活动的规范、组织和引导，通过精心设计各种教育活动，使影响学生主体性形成和发展的各种因素达到优化，使各种不同的活动形式和决定着它们的诸多条件相互促进、紧密结合，从而对学生的身心发展发挥主导作用。

开放型社会需要开放型人才，而开放型人才则需要由开放型教育来培养。现代社会要求通过教育，培养出大批具有开放型思维方式、多维智能结构的人才，这也对教育提出了更高的要求。主体性教育的开放性，主要表现在学校教育系统与整个社会生活的紧密联系上，要求把学生从课堂引向广阔的社会，缩短对社会生活的适应期；还表现在学校教育内部树立开放的教育观念，确定培养开放型人才的教育目标和内容，建构开放的教育体系，选择和运用开放式的教育方法和途径等。

（三）教学模式的主体参与性

教学模式是教育观念、指导思想、教育目标、内容、方法与评价等要素的总称，它是教育思想与教育实践之间的一个中介环节。主体教育理念思想指导下的教学模式一改现行教学模式主要是知识教学，视学生为被动的客体，教学活动的设计、组织和实施都是为了掌握知识的局面。主体参与教学模式承认学生的主体地位和作用，对教学本质的认识不再停留于"特殊认识说"，而是把教学视为构建学习主体的对象化活动。课程内容的掌握仍然很重要，但课程内容掌握本身不再是教学的目的，而是成为构建学习主体的手段。教学目的是把课程内容转化为学习主体的主体意识和主体能力。主体性教学模式在新的教学观的指导下，将教学活动设计成极富个性化的活动，既要求教师充分发挥主体性，针对教学对象、教学内容、教学目标、教学手段以及自己的教学背景进行综合考虑、精心规划和安排，又要求一切以学生的主体参与为核心。因此，主体参与原则应是主体性教学设计的根本原则。主体参与原则就是指教师在设计教学时，把参与性贯穿教学的整个过程，使学生最大限度地处于主体激活状态，能主动、积极地动手、动口、动眼、动耳、动脑，去行动，去实际操作，给学生创设积极活动的情境，使学习成为学生的自主活动。

四、创新教育理念

所谓创新教育，是指整个教育过程被赋予人类创新活动的特征，并以此为教育基础，达到培养创新型人才和实现人的全面发展的目的的教育。创新教育通过对学生施以教育和影响，使他们作为一个独立的个体，能够善于发现和认识有意义的新知识、新思想、新事物、新方法，掌握其中蕴含的基本规律，并具备相应的能力，为将来成为创新型人才奠定全面的素质基础。

（一）创新教育的目标定位

基础教育是为个体升入上一级学校、自身素质持续发展以及今后走向社会做准备的教育，基础教育阶段的创新教育也要为学生未来的持续性创新打基础。具有深厚基础性和广泛迁移性的创新品质主要包括创新精神和创新能力两个方面。

1.创新精神

创新精神是创新的人格特征，是主体创新的内部态度与心向，包括创新意识、创新情感和创新意志三大方面。

所谓创新意识，是个体追求新知的内部心理倾向，这种倾向一旦稳定化，就成为个体的精神与文化。经验性研究表明，具有创新意识的人常常不满足于现实，有强烈的批判态度；不满足于自己，有持续的超越精神；不满足于以往，有积极的反思能力；不满足于成绩，有旺盛的开拓进取精神；不怕困难，有冒险献身的精神；不怕变化，有探索求真的精神；不怕挑战，有竞争合作的精神；有强烈的好奇心、旺盛的求知欲、丰富的想象力和广泛的兴趣等。

所谓创新情感，是个体追求新知的内部心理体验，这种体验的不断强化，会转化为个体的动机与理想。经验性研究也表明，有创新情感的人常常情感细腻丰富，外界微小的变化都能引起强烈的内心体验；人生态度乐观、豁达、宽容，能比较长时间地保持平和、松弛的心态；学习和工作态度认真、严肃、一丝不苟，有强烈的成就感，工作的条理性强；对世间的所有生命都有同情心和责任感，愿意为改善他们的生存状态而尽心尽力等。

所谓创新意志是个体追求新知的自觉能动状态，这种状态的持久保持，就会成为个体的习惯与性格。经验性研究表明，有创新意志的人常常能排除外界的各种干扰，长时间地专注于自己的活动；工作勤奋，行为果断，对自我要求较高，对工作要求较严；善于沟通与协调，组织能力强，有较强的灵活性，为达到目的愿意变换工作的途径和方法；有较强的独立性和自制力，在没有充分的证据和理由之前，不轻易放弃自己的主张等。

2.创新能力

创新能力是创新的智慧特征，是主体创新的活动水平与技巧，包括创新思维和创新活动两大方面。

所谓创新思维，是个体在观念层面新颖、独特、灵活的问题解决方式。创新思维是创新实践的前提与基础，如果想不到是不可能做得到的。经验性研究表明，具有创新思维的人常常感觉敏锐，思维灵活，能发现常人视而不见的问题并能多角度地考虑解决办法；理解深刻，认识新颖，能洞察事物本质并能进行开创性的思考；思维辩证，实事求是，能合理运用发散与聚合、逻辑与直觉、正向与逆向等思维方式，不走极端，能把握事物的中间状态等。

所谓创新活动，是个体在实践层面新颖、独特、灵活的问题解决方式。创新活动是创新思维的发展与归宿，经不起实践检验的思维是无价值的。经验性研究也表明，具有创新活动能力的人常常实践活动经历丰富或人生经历坎坷，经受过大量实践问题的考验；乐于动手设计与制作，有把想法或理论变成现实的强烈愿望；不受现成的框架束缚，不断尝试、不断反思、不断纠正；愿意参加形式多样的活动，乐于求新、求奇，乐于创造新鲜事物等。

（二）创新教育的核心内容

以培养学生创新精神为首要目标的创新教育，完全可以围绕"创新"的核心内容展开，通过学校各种教育形式，培养学生"再次发现"知识的探索精神、"重新组合"知识的综合能力、准备"首创前所未有"事物的创造意识和创造能力。

1.探索精神的培养

坚持对知识"再次发现"的探索式学习观念，本身就是一种科学精神。它要求学生不盲目接受和被动记忆课本或教师传授的知识，主动进行自我探索，把学习过程变成一种"再次发现"人类以往积累的知识的参与式活动。科学是知识系统，学习科学并不是为了记忆和背诵真理，而是为了认识和不断更新真理。教学中强调的应该是"发现"知识的过程，而不是简单地获取结果；要结合课程教学进行知识探源，把握其发展变化趋势；要让学生深刻感受到，任何科学知识都是人类艰苦努力不断探索的结晶，以此弘扬科学人文精神；要鼓励学习中的探究和怀疑，凡事多问几个"为什么"。学习探索是对知识整体及其联系的把握。我国传统教学很少教学生从总体上观察学科知识系统，把握它们相互之间的关系和本质特征，这些正是创新教育鼓励学生以更宽广的视角，从分割的学科课程里"重新发现"的关键所在。

2.综合能力的培养

从某种意义上讲，综合能力就是将现有知识"重新组合"为新知识的能力，课程学习中的知识重组通常包括三种不同的层次：一是将某学科课程内部的知识进行重组；

二是将不同学科课程的知识进行重组；三是将学科课程所包容的知识与课程未能包容的知识进行重组。这三种层次的重组，后一层次往往比前一层次要求更高。课程教学可从第一层次入手，希望学生最终能够做到跨学科和跨出课程规定的内容去自学，把进入现代社会所必须了解和掌握的所有知识重新组合，融会贯通，运用这种"重组"的知识解决复杂的问题，从而内化为创新精神和创新能力。

3.创造意识和创造能力的培养

创造意识是驱使个体进行创造行为的心理动机，没有创造意识的人不可能进行创造和发明。学生普遍具有创造潜能，它不是少数人特有的秉性，在适当的教育下，可能在每一个学生身上显现和发展。当然，限于生理年龄特点，我们无法要求所有学生在初中阶段都具有很强的创造能力，但创造意识的培养则必须从青少年时期开始。创造意识是创新素质培养的前提，因为创新素质不仅表现为新思想、新技术和新产品的发明创造，而且表现为善于发现问题、求新求变、积极探究的心理取向。创造意识包括强烈的创造激情、探索欲、求知欲、好奇心、进取心、自信心等心理品质，也包括远大的理想、不畏艰险的勇气、锲而不舍的意志等非智力因素。

逐步培养学生创造"前所未有"事物的能力，则可以从创新层面的"重新发现"，尤其是"重新组合"着手。事实上，世界上绝大多数的创造发明，都是原有事物的"再次发现"和"重新组合"，产生质变后才表现为"前所未有"。任何人都无法脱离自己的经历凭空设想，即使是科幻作品中的外星人，也不过是作家思想表象里原有"部件"的"再次发现"和"重新组合"而已。因此，注重培养初中生"再次发现"和"重新组合"的品质，就是在为他们创造能力的形成奠定坚实的基础。

（三）创新教育的实施要求

实施创新教育要从培养创新精神入手，以提高创新能力为核心，带动学生整体素质的自主构建和协调发展。而创新精神和能力不是天生的，它虽然受遗传因素的影响，但主要在于后天的培养和教育。创新教育的过程，不是受教育者消极被动地被塑造的过程，而是充分发挥其主体性、主动性，使教学过程成为受教育者不断认识、追求探索和完善自身的过程，即培养受教育者独立学习、大胆探索、勇于创新的过程。因此，班主任在教学过程中要致力于培养学生的创新意识、创新能力及实践能力。

1.转变教育观点，培养创新意识

教育观点的转变是实施创新教育的关键和前提，教师不改变教育观点就不可能培养出具有创新意识的学生。一方面，教师要认识课堂教学中教师与学生的地位和作用、教与学的关系，发挥教师的主导作用和学生的主体作用，充分调动学生的学习主动性和积极性，使学生以饱满的热情参与课堂教学活动。教师在学生的学习过程中应是组织者、指导者、帮助者、评价者，而不是知识的灌输者，不要把自身的意识强加于学生；而学生是教学活动的参与者、探索者、合作者，学生的学习动机、情感、意志对学习效果起着决定性作用。另一方面，在教学方法上，教师也要改变传统的注入式教学法，运用启发式、讨论式、探究式教学法，使学生通过独立思考，处理所获取的信息，将新旧知识融会贯通，建构新的知识体系，养成良好的学习习惯，从中获得成功的喜悦，满足心理上的需求，体现自我价值，从而进一步激发学生内在的学习动力，增强创新意识。

2.营造教学氛围，提供创新舞台

课堂教学氛围是师生即时心理活动的外在表现，是由师生的情绪、情感、教与学的态度、教师的威信、学生的注意力等因素共同作用所产生的一种心理状态。良好的教学氛围是由师生共同调节控制形成的，实质就是处理好师生关系、教与学的关系，真正使学生感受到他们是学习的主人，是教学成败的关键，是教学效果的最终体现者。因此，教师要善于调控课堂教学活动，为学生营造民主、平等、和谐、融合、合作、相互尊重的学习氛围，让学生在轻松、愉快的心情下学习，鼓励他们大胆质疑，探讨解决问题的不同方法。亲其师，信其道，师生关系融洽，课堂气氛才能活跃。只有营造良好的教学气氛，才能为学生提供一个锻炼创新能力的舞台。

3.训练创新思维，培养创新能力

创新思维源于常规的思维过程，又高于常规的思维，它是指对某种事物、问题、观点产生新的发现、新的解决方法、新的见解。它的特征是超越或突破人们固有的认识，使人们的认识"更上一层楼"。因此，创新思维是创新能力的催化剂。提问是启迪创新思维的有效手段。因此，教师在课堂教学中要善于提出问题，引导学生独立思考，使学生在课堂上始终保持活跃的思维状态。教师可以通过特定的问题使学生掌握重点，突破难点。

4.掌握研究方法，提高实践能力

科学的研究方法是实现创新能力的有效手段。任何新的发现、新的科学成果都必须用科学的方法去研究，并在实践中检验和论证。因此，教师要使学生掌握科学的探究方法，其基本程序是：提出问题—作出假设—制订计划—实施计划—得出结论。课堂教学主要通过实验来训练学生的实践能力，教师应尽量将传统的演示性实验、验证性实验变为探索性实验；另外，教师还可以向学生提供一定的背景材料、实验用品，让学生根据特定的背景材料提出问题，自己设计实验方案，通过实验进行观察、分析、思考、讨论，最后得出结论，这样才有利于培养学生的协作精神和创新能力。有时实验不一定能够获得预期的效果，此时教师要引导学生分析失败的原因，找出影响实验效果的因素，从中吸取教训，并重新进行实验，直到取得满意的效果为止。这样不仅可以提高学生的实践能力，而且可以培养学生的耐挫能力。

第二节　班主任的道德素养

道德素养是指班主任在从事班级管理活动、履行班主任职责时必须遵循的道德规范和行为准则。

一、爱岗敬业

班主任要树立崇高的职业理想，把从事班级管理与教育工作、培养"四有"新人作为自己的理想与抱负，以从事教育事业为荣，以献身教育事业为乐，全心全意为教育事业服务。

二、关爱学生

陶行知先生倡导"爱满天下""捧着一颗心来，不带半根草去"。爱，是教育的基础，没有爱，就没有真正的教育。热爱学生、诲人不倦是班主任道德素养的核心，是班主任全心全意为学生服务的崇高思想品德的具体体现。班主任要毫无保留地贡献自己的精力、才能和知识，以便在对学生的教学和教育上取得最好的成果。班主任对学生的爱应当同合理的严格要求相结合。当然，严也要有度。体罚和变相体罚学生绝不是对学生的严格要求，而是对学生人格的侮辱、精神的压制和肉体的摧残，这是绝不允许的。

三、团结协作

教师的劳动虽然具有明显的个体性，但劳动成果是集体共同完成的，在这中间班主任起着至关重要的作用。教育家安东·谢苗诺维奇·马卡连柯在《论共产主义教育》中这样描绘教师集体："有共同的见解，有共同的信念，彼此间相互帮助，彼此间没有猜疑，不追求学生对个人的爱戴。"班主任不仅要将校内的学科教师、行政人员、管理人员、服务人员联结在一起，做好团结协调工作，而且要把校外的家长、社区教育力量等联结在一起，做好团结协调工作。总之，班主任要协调统一各种教育力量，达到教育的一致性和统筹性，形成最佳教育效果。班主任还要协调好班级成员和班级事务等各项工作的关系，使班级成员始终处于和谐、融洽的气氛中，使班级始终在有序、有条不紊的状况中运作。

四、为人师表

班主任应当具有以身作则、为人师表的品德，这是班级管理对班主任提出的特定要求。班级管理过程中，学生不仅要听班主任怎么说，还要看班主任怎么做。班主任不仅要把知识传授给学生，而且要通过自身的行为和人格影响学生。因此，班主任的为人处世、治学态度、行为习惯、服饰仪表，乃至一言一行、一举一动都会直接对学生产生影响，起着极为重要的作用。班主任的言行不仅对学生，而且对家长乃至整个社会都有可能产生较大影响。班主任要以美的语言、美的行为、美的心灵去影响、教育、熏陶学生，做到身教与言教的紧密结合。凡是要求学生做到的，班主任首先要做到；凡是要求学生不做的，班主任也一定不要做。

五、公平公正

教育公正作为调节教育内外部关系的重要道德规范，在社会生活和教育教学活动中都具有重要的意义和价值。教育公正既像一面镜子，能反映出班主任的心灵；又像一把尺子，衡量着班主任的行为。教育公正一旦形成，就会在学校生活中发挥重大作用。对教育公正的追求，也是班主任实现班级管理目的的前提条件。班级管理是班主任和学生在特定情境中，围绕一定内容进行的一种特殊的交往活动。在班级管理中，教育公正具体体现在以下几方面：

一是坚持真理，伸张正义。班主任是社会文明的传承者，因此在学生眼里，班主任是真理的化身。他们不但要传播真理、坚持真理、捍卫真理，为学生树立坚持真理、尊重科学的榜样，还要面对现实，伸张正义，主持公道，以自己的道德行为影响学生健康社会情感和态度的形成。

二是一视同仁，爱无差等。班主任对学生一视同仁，爱无差等，是教育公正的道德要求。在对待学生个体方面，班主任绝不能以个人感情为转移，以成绩好坏定优劣，以智力高低定亲疏，更不能以家庭出身分高下。针对目前教育教学活动中反映出的情况，班主任特别要注意坚持以公正的态度去处理师生关系。在对待学生群体方面，班主任应遵循面向全体、照顾多数的原则，追求学生的整体发展。

三是办事公道，赏罚分明。教育教学虽然总体上来说是集体劳动，但又具有个体分散的特点。教育公正的原则不但时刻都在发生作用，而且显得相当重要。办事公道、赏罚分明是班主任处理各种矛盾时坚持教育公正的具体体现。

第三节　班主任的知识素养

知识素养是班主任自身和学生全面发展的基础，也是影响班主任威信的重要因素。班主任的知识越丰富，就越有权威性和教育的力量。

一、扎实的政治理论知识

我国是中国共产党领导的社会主义国家，这就决定了我们的教育必须把培养社会主义建设者和接班人作为根本任务，培养一代又一代拥护中国共产党领导和我国社会主义制度、立志为中国特色社会主义奋斗的有用人才，这是教育工作的根本任务，也是教育现代化的方向目标。因此，班主任必须掌握基本的政治理论知识，尤其是马克思主义基本理论知识，这是班主任知识素养的首要内容。马克思主义基本理论是我国一切工作的科学指导方针，也是学校教育工作的科学指导方针。要塑造学生的思想品德，班主任就必须具备比较系统的马克思主义理论知识，在学校的教育教学活动中有机地把马克思主义的基本立场、观点和方法准确无误地传授给学生。班主任只有掌握了这些知识，才能把自己的工作同共产主义的远大目标联系起来，树立为共产主义奋斗终身的远大理想；才能指导帮助学生运用辩证唯物主义的方法，科学地认识客观世界，确定无产阶级的世界观、人生观和共产主义的坚定信念；才能更好地学习和理解新时期党的方针、路线、政策，积极参与改革，推动教育事业的发展。

二、精深的专业知识

好的班主任首先应该是好的任课教师，好的任课教师必须有精深的专业知识，这是其必备条件。对于自己所教学科的基础知识、理论体系，班主任应全面、系统地掌握。班主任要了解所教学科知识的逻辑起点和基本结构，透彻理解所教学科的概念、定理、法则、规律和公式等基本理论知识，熟练掌握所教学科知识的技能技巧，把握所教学科的重点、难点和关键，了解所教学科的发展历史和在所教学科中作出重大贡献的人物的基本情况，密切关注所教学科发展的新动向、新成果。班主任只有拥有精深的专业知识，才能运用自如，才能准确、系统、有效地把知识转化为学生的精神财富。

三、广博的相关学科知识

任何学科都不是绝对独立的，都与其他学科存在着密切联系，都包含着其他众多相关学科的知识。当今社会,各门学科之间相互交叉、相互渗透的发展趋势更为明显。为了出色地完成班级管理任务,班主任要不断地拓宽自己的知识视野,学习掌握较多的相关学科的基础知识。这正如教育家苏霍姆林斯基在《给教师的建议》中所说:"教师所知道的东西,就应当比他在课堂上要讲的东西多十倍、多二十倍;以便能够应付自如地掌握教材,到了课堂上,能从大量的事实中挑选出最重要的来讲。"

四、系统的教育科学知识

随着时代的发展,班级管理变得日益复杂,班主任不能仅依靠直接经验从事班级管理工作,还必须掌握丰富的教育科学理论知识。班主任只有系统地掌握教育学、心理学、教育心理学和学科教育学等方面的教育理论知识,才能认识和把握教育规律,了解学生身心发展的年龄特征,促使班级管理工作朝着科学化的方向发展。

五、丰富的管理科学知识

班级是现代学校开展教育教学和管理活动的基层组织,班级管理是学校管理工作的基础。班级管理得如何,对于贯彻国家教育方针,落实学校教育计划,实现培养目标,起着关键性作用。班主任是班级的直接管理者,要做好这项工作,丰富的班级管理经验虽然很重要,但还必须掌握一定的管理科学知识,并把它们切实用于班级管理之中,加强班级管理的科学性和主动性,克服盲目性,少走弯路,少犯错误。

第四节　班主任的能力素养

班主任能力素养的高低直接影响着班级活动的效率,影响着学生身心发展的速度和水平。

一、班主任的一般能力

（一）敏锐细致的观察力

观察力是指一种有目的、有组织地主动知觉有关对象的能力。敏锐细致的观察力是班主任必备的能力素质之一，是班主任提高工作质量的重要条件。对于一个有观察力的班主任来说，学生的欢乐、兴奋、惊奇、疑惑和其他内心活动最细微的表现，都逃不过他的眼睛。一个班主任如果对这些熟视无睹，他就很难成为学生的良师益友。

1.进行因材施教的依据

因材施教是教育教学的一条基本原则。班主任要贯彻因材施教的原则，就要对学生进行全面而深入的了解，准确掌握每个学生的具体情况。而要了解学生，班主任就要周密细致地观察学生，这必然要求班主任具备敏锐的观察力。

2.更好地发现人才的关键

韩愈曾经感叹："千里马常有，而伯乐不常有。"（《马说》）作为"伯乐"的班主任，只有具备敏锐细致的观察力，才能发现各种各样的"千里马"。

3.增强教育敏感性的前提

学生的成长并非直线上升的，特别是高尚的思想品德和良好的行为习惯的养成，会经常出现曲折起伏，甚至多次反复，班主任只有灵敏地察觉这些变化，把握学生思想脉搏的跳动，才能及时进行指导和补救，引导学生健康成长。

（二）良好的注意分配力

所谓注意分配力，是指人在同一时间内把自己的注意指向不同对象的能力。教育教学工作是一项需要多种知识、技能协调配合的复杂脑力劳动。在班级管理中，班主任往往要面对几十名不同的学生，随时处理各种偶发事件，排除各种干扰，维持好课堂纪律。这些都离不开良好的注意分配力，班主任既要把注意力集中于班级管理的主要活动上，又要把注意力分配到学生身上。可以说，良好的注意分配力是班主任的一项专业能力要求，也是衡量班主任班级管理水平的重要标准。

具有较强注意分配力的班主任，往往能有效地利用言语、板书、教具等各种信息载体向学生传递知识，使读、写、做有机地融为一体，相得益彰。具有较强注意分配力的班主任，在班级管理过程中不仅要善教，而且要善导，能够适时地根据自己讲授的线索，引导学生积极思考，创设活跃学生思维的教学情境，随时发现学生情绪上的细微变化，发现学生思维中的问题，及时予以启发诱导。如果一个班主任能把全班几十个学生都纳入自己的注意范围之内，使每个学生都觉得班主任在注视自己，学生的注意力就不会分散，也就能保持好的课堂纪律。

（三）丰富的想象力

班主任的工作是一种充满创造性的脑力劳动，没有想象力的积极参与是无法顺利、有效地进行的。具有丰富想象力的班主任，不仅善于洞察学生的心理，还能根据学生的特点，预测其发展动向以及采用不同教育措施可能产生的后果，从而有针对性地实施教育影响。具有丰富想象力的班主任，在班级管理活动中能高瞻远瞩，对学生满怀美好的发展期望，对人类发展充满乐观的信念，使班级管理工作更好地面向未来。在班级管理工作中，想象力不仅是必要的，而且是不可或缺的。想象力丰富的班主任能对班级管理进行精心设计，把学生引入美好的境界，把深奥的事理形象化，把抽象的事物具体化，把死的知识变成有生命力、有思想感情的活的知识，使知识生动形象地、潜移默化地进入学生的大脑。

（四）创造性的思维力

所谓创造性的思维力，是指能独立地思考问题和解决问题，并在已有的知识和经验基础上进行创造性构思，以新的方式解决前人未曾解决的问题的能力。只有善于思索、进行创造性劳动的班主任才能取得班级管理上的成功，才能在班级管理活动中不断有所发现，有所创新。

班主任创造性的思维力对班级管理工作的重要意义，是由班主任本身的劳动特点决定的。班主任的工作具有复杂性和多变性，需要班主任的思维具有灵活性和创造性，只有不按死板公式和固定模式思考、行动的人才能胜任班主任工作。同时，班级管理也是一门艺术，艺术的生命恰恰就在于创造。班主任的每一堂课其实都是一次创造性的劳动，一次令人欣欣鼓舞的艺术加工过程。如果离开思维的独创性，那么这些工作都将无法进行。

二、班主任的特殊能力

（一）语言表达能力

语言是班主任表达思想、传授知识、启迪智慧、塑造心灵的基本工具和主要手段。班主任语言表达能力的强弱，直接关系到班级管理工作的成败。具体而言，班主任的语言表达应符合以下几个方面的基本要求。

1.准确明晰，具有科学性和准确性

概念的揭示、问题的剖析、内容的阐述都必须用词严密、含义明确、措辞精当、不生歧义的准确语言。只有这样的语言才能揭示客观事物的本质和规律，给人以清晰的认识。

2.简洁练达，具有逻辑性和系统性

班主任的语言表达要简洁明快、干净利落，既准确又凝练，句句连贯，层次分明，具有内在的逻辑力量和高度的概括水平，由此启迪学生的创造性思维活动。

3.生动活泼，具有形象性和情感性

班主任在班级管理工作中的用语要鲜明活泼、生动形象，使学生有如临其境、如见其人、如闻其声之感，将抽象的概念具体化、深奥的哲理形象化、枯燥的知识趣味化。生动形象、富有趣味的讲授，不仅能引起学生的兴趣，使其认真听讲，而且能激发其强烈的学习动机。

4.通俗易懂，具有通俗性和大众性

班主任的语言要深入浅出、明白流畅、平易近人。班主任的语言表达应使学生听得明白，用语要有针对性，不能用华丽的辞藻堆砌。这应成为班主任语言的一个基本准则。

（二）了解、研究学生的能力

学生是班主任班级管理的对象，了解、研究学生是班主任的基本专业能力。班主任了解、研究学生的能力主要有以下特点。

1.细致深入

班主任应体察学生内心的细微变化，并透过这些细微表现把握其知识背景和智力发展水平，掌握他们的心理状态和思想动态，深入学生的意识去了解学生的自我观念。

班主任了解和研究学生的能力是否强，并不单纯取决于观察、了解学生时间的长短和把握学生特征的多少，而主要在于能否抓住一些具有决定意义的成分，特别是从隐蔽的、容易忽视的细节之中探索事物的本质。

2.迅速准确

班主任应能迅速地进行观察，善于抓住最能表现学生内心活动的主要表现，而不为假象所迷惑。具有这种品质的班主任往往善于在瞬间捕捉学生的表情和行为的细微变化，迅速掌握学生的特点，判断所发生的真实情况或学生的心理活动，及时地处理问题。

3.全面客观

班主任应从时间和空间等各个方面对学生进行了解和研究，以保证了解和研究的系统性。这一特点要求班主任善于利用一切可以利用的机会和场合，对学生进行多角度、全方位的观察、了解和研究。

（三）组织管理能力

班主任从走进班级的那一刻开始，就要把几十个兴趣、爱好、性格特点各不相同的学生组织起来，形成一个自觉的班集体，这需要班主任有较强的组织管理能力。实践证明，班主任组织管理能力的强弱，在一定程度上对班级管理工作的成败起着决定性的影响。班主任的组织管理能力主要包括以下几个方面的内容。

1.制订班级管理计划的能力

有效地制订班级管理计划是班主任开展工作的前提。有组织管理能力的班主任一般都能自觉地计划和协调自己的班级管理工作；而缺乏组织管理能力的班主任，尽管有着良好的愿望和动机，却因不能制订切实可行的计划，从而使班级管理工作陷入困境。

2.组织管理课堂的能力

组织管理课堂的能力是班主任组织管理能力的又一重要方面。课堂的组织管理直接关系到教育教学的效率和效果。良好的课堂教学的指标主要包括秩序井然、气氛民主和注意力集中，其中以学生注意力的组织管理最为关键。

3.组织管理学生的能力

班主任所面对的对象不是单个或少数的学生，而是一个班级。在集体中进行共同的教育教学活动，需要班主任具有较强的组织和管理能力。只有这样，班主任才能按照整体的要求来协调每个学生的活动，也才能保证集体活动的顺利进行。

（四）教育机智能力

在班级管理过程中，具体情境瞬息万变，面对错综复杂的情况，特别是突如其来的偶发情况，班主任要能够正确、迅速、敏捷地判断，恰到好处地作出处理，从而取得良好的管理效果，这就是教育机智。教育机智能力的运用应注意以下几个基本要求。

1.循循善诱，启发引导

班主任要根据学生的具体情况，循循善诱地引导学生，利用积极因素，克服消极因素。善于发现和利用学生的积极因素，帮助他们扬长避短、从善去恶，使其逐步增长克服缺点的内在精神力量，这是教育机智最重要的内容。

2.灵活机智，机敏幽默

班主任要能够根据现场情况，灵活机智地处理班级管理活动中的偶发事件，及时地调节和消除矛盾，有效地影响和教育学生。

3.讲究分寸，适可而止

班主任在处理班级管理中的问题和事件时，要注意讲究分寸，恰到好处，适可而止，这是教育机智运用的重要原则。做任何事情都有一个分寸或度的问题。在班级管理工作中，班主任如果不注意分寸，不仅不能达到预期的效果，还会影响学生的健康成长。班主任应该以教育规律为依据，从学生的实际情况出发，谨慎地处理班级管理中所发生的每一个问题。任何违背教育规律的教育机智，都会造成不良后果。

（五）人际交往能力

班主任在班级管理工作中要处理各种各样的人际关系，如班主任与学生的关系、班主任之间的关系、班主任与家长的关系、班主任与社会其他行业人员之间的关系等。这些关系处理得恰当与否，在很大程度上影响着班主任班级管理工作的成效。班主任的人际交往能力主要包括以下几个方面。

1.积极关注

关注他人是人际交往的起点，而善于关注他人对于班主任来说也是十分重要的。在班级管理活动中，班主任要及时、全面地了解学生的学习和思想情况，这就要求班主任要关注学生心理和行为的变化，分析这些变化的原因，找出变化的规律。

2.尊重与信任

尊重与信任是人际交往的基本前提，这在师生交往过程中显得更为重要。尊重与信任是打开学生心灵的钥匙。班主任一方面要尊重学生的人格，认识到学生与班主任在道德人格和法律人格上是完全平等的；另一方面也要尊重每个学生的个性特点。

3.善于倾听

善于倾听是与他人交往所需要的重要技能，也反映出一个人的修养水平。善于倾听意味着能够抓住讲话人所表达的主要内容和意图，也意味着倾听者能够对对方所说的话加以区别，并正确表达自己的观点。班主任需要经常倾听学生的要求，分析他们的内心活动，为学生答疑解惑。

4.理解与共情

理解与共情是指能够站在他人的角度来看问题，能够理解与分担对方精神世界中的各种负担的能力。班主任的工作对象是成长中的青少年，他们不仅需要班主任的指导，而且需要班主任的理解与尊重。班主任应经常站在学生的角度理解、体察他们的心理活动和需求。

（六）自我调控能力

班主任的自我调控能力包括两个方面的内容：一是根据客观需要调控自身主体结构的能力；二是调控自身的心境、情绪和情感的能力。班级是一个开放系统，而不是一个封闭系统，它随时要和社会发生信息交流，保持与社会的平衡。社会上任何一种因素的变化都可能或多或少、直接或间接地影响教育系统，引起教育内部各种结构的变化。班主任要适应这些新的变化和要求，就必须具有较强的自我调控能力，主动地按照需要来改变主体结构。另外，班主任是处于现实生活中具有感情的人，不可避免地会遇到各种各样的问题与挫折，如果不加以调控，就会影响工作。

第五节　班主任的心理素养

心理是个体社会化的产物，既具有社会特征，又具有个体的独特风格。良好的心理素养，是做好班主任工作、促进学生身心健康发展的重要条件。

一、班主任的教育心理

（一）道德心理

专业道德是班主任处理和调节班级管理活动中人与人之间关系的特殊的道德要求。班主任的专业道德品质是一个完整的心理系统，其心理成分包括专业道德认识、专业道德情感、专业道德意志、专业道德信念和专业道德行为等五个方面。

专业道德认识是班主任在班级管理过程中表现出来的对是非、好坏和善恶的行为准则及其意义的认识，如班主任的专业信念、专业人生价值观、专业理想等。

专业道德情感是伴随专业道德认识所产生的一种内心体验。班主任的专业道德情感集中体现在爱国主义、热爱教育事业和热爱学生等三个具体方面。

专业道德意志是指班主任个体在具体的专业道德环境中作出道德判断，进行道德选择并使之付诸实践时所表现出来的决心和毅力，它是在专业道德认识、情感、行为的基础上产生并发展起来的，是专业道德信念的体现。

专业道德信念是指班主任对专业道德规范和要求的正当性、合理性产生坚定不移的看法以及由此而产生的强烈的道德责任感。它是班主任深刻的道德认识和炽热的道德情感的统一，具有稳定性和持久性的特点。班主任一旦牢固地确立了某种专业道德信念，就会自觉地、坚定不移地按照自己确立的信念来选择行为和进行教育活动。

专业道德行为是在班主任班级管理实践活动中形成和发展的，也是衡量班主任品德的重要标志。班主任专业道德行为集中表现在班主任的以身作则、为人师表、言行一致等方面。

（二）教学心理

班主任的教学心理包括一般教学能力、教学技能、辅导学习技能和教学监控能力等几个方面。一般教学能力是班主任在教学实践中形成和发展的基本能力，是实现人才培养的保证，如班主任的智能、言语能力、非言语能力等。教学技能是指班主任从事教学活动、完成教学任务必须具备的基本技能，如分析教学大纲、运用教材、进行教学设计、运用信息技术等技能。辅导学习技能是指班主任在教学过程中辅导学生解决一系列学习问题的能力，也就是辅导学生学会学习的技能。通过班主任的辅导，学生能充分发挥学习的主动性、自觉性和积极性，会制订计划、会预习、会听课、会做作业、会复习等。教学监控能力是指班主任在教学过程中为成功地实现教学目标，以教学活动为监控对象，不断地对其进行积极主动的计划、监控、检查、评价、反馈、调控的能力，如班主任在教学活动前的计划和准备、对课堂教学的检查和反馈、对自己整个教学活动的调控等。

（三）辅导心理

辅导是辅导者协助当事人解决心理问题，为当事人的心理发展提供帮助和服务的一种人与人之间的心灵交流与互助关系。它作为应用心理学的一个新概念，已成为现代教育主体性发展水平的一个重要标志。随着教育现代化进程的不断推进，主体教育价值理念得以广泛弘扬，现代教育走向以学习者为主体的终身教育和学习化社会，从而赋予教育者以辅导的教育职能。班主任不仅仅是文化知识的传播者，而且还是心理辅导者。班主任必须适应心理辅导者的角色职能，自觉调整自身的知识结构、能力结构和专业技能，从而提高自身心理辅导素养。班主任的辅导心理素质包括心理咨询素质、心理教育素质和心理治疗素质等内容。

二、班主任的人格心理

班主任必须具备健康完备的人格心理素质。班主任的人格心理在整个心理素质的形成和发展中居于重要地位，它不仅影响班主任的教育教学效果和效率，而且影响学生的个性形成和身心发展。

（一）性格

所谓性格，是指人对现实的态度和习惯化的行为方式。班主任的性格是班主任在长期班级管理实践中形成的、逐步稳定的态度和习惯化的行为方式，是班主任人格的集中体现。班主任良好的性格体现为对教育事业的高度热爱以及对知识的强烈渴求，也就是对教育事业勇于创新、善于探索，对班级管理工作认真负责、兢兢业业。班主任良好性格的形成，既有助于自身人格心理素质的完善，又有助于塑造学生的人格。具有良好性格的班主任能够得到学生的爱戴，促进班级管理工作的开展，学生会在学习活动中有意模仿班主任的言行举止，并能积极配合，提高班级管理工作的效率。

（二）移情

移情也称同理心、共感或共情。人本主义心理学家卡尔·兰塞姆·罗杰斯认为，体会当事人的内心世界，有如自己的内心世界一般，可是却永远不能失掉"有如"这个品质，这就是"同感"。由此可见，班主任一方面要放下自己的参照标准，设身处地从学生的参照标准来看问题，以感同身受的方式体会学生的内心感受和情感；另一方面，又要保持自己的身份，并把学生的内心想法和感受准确表达出来，并传递给学生。移情使班主任在教育教学过程中能够站在学生的角度看问题，充分体会学生的内心感受与情感，从而建立良好的师生关系，促使学生开放自我、探索自我，以积极心态面对问题、解决问题。

（三）宽容

我国心理学家皮连生等人认为，宽容主要包含三层含义，即灵活、体察和无偏见。人们对外部世界的了解、对别人的看法和感情，都有赖于自身的感觉与情感的参照系。如果人们能够改变自己的参照系，以适应外界情境的需要和标准，也就能够理解并适应与自己通常的参照系并非完全一致的各种变化，也就能容纳与自己不同的看法、见解、思想、情感，能对各种不同的人表达关切。认知参照系的灵活性引发了个体对他人的体察和无偏见，这就是宽容。对班主任而言，宽容能够使他摆脱先入为主的成见或偏见，更好地接纳各不相同的学生，不管学生的家庭背景、性别、智力、身体、个性、知识等如何，都能与他们和谐相处。班主任的宽容在很大程度上也是鼓励学生独立性和自主性人格发展的积极力量。

（四）期待

班主任对学生的期待是影响学生学业成绩及人格品质的一个重要因素。班主任对学生的期待对学生发展的影响，在心理学上被称为"班主任期待效应"，也称为"皮格马利翁效应"或"罗森塔尔效应"，是指班主任基于对某种情境的知觉而形成的对学生发展的一种强烈期望，它能使该情境产生适应这一期望发生或达成的效应。班主任如果根据对某一学生的了解而形成一定的期望，就会使该学生的学习成绩和行为表现发生符合这一期望的变化。班主任对学生的期待及其影响是在师生互动过程中产生的：一方面，班主任根据学生的学习行为、个性特征和在人际交往中的表现等，形成对某个学生的期待，这些期待会在班主任的教育教学行为中表现出来；另一方面，学生接受了班主任行为所暗含的深深期待，并根据期待的方向表现出相应的行为。在这种互动过程中，班主任不断坚持按自己的期待去影响学生，而学生也会逐步向班主任期待的方向发展。

三、班主任的社会心理

（一）角色心理

随着经济社会的快速发展，教育的价值及功能也日趋多样化和复杂化，这就必然决定了班主任角色的多样性。这种多样性正好反映了社会、学校和学生等多元文化价值对班主任角色赋予的多方面的社会期望。班主任要充分发挥积极能动作用，就必须自觉扮演和承担多重社会角色，如知识的传播者、学生的教育者、集体的管理者、人际关系的调节者以及心理辅导者等。如果班主任在心理上没有多重角色准备，也就很难充分发挥其在班级管理中的主导作用。基于此，班主任在班级管理实践过程中，必须不断学习、掌握各种社会角色期待和角色情景判断，学会在不同情景中从事自己独特的角色活动，并能及时有效地处理各种角色之间的矛盾冲突，从而提高扮演并发挥多重角色的社会心理素质。

（二）交往心理

教育从其本质来说，就在于建立个人与集体和社会的密切联系，以保证个体社会化进程的顺利完成，而在这一过程中，班主任起着十分重要的作用。一方面，班主任的职能就是指导学生进行人际交往，并实施对学生集体人际关系的教育管理；另一方面，班主任本身就是群体交往的对象。师生之间在相互交往的过程中形成了一定的心理关系，如果相互之间能满足对方的需要就会产生彼此接近与和谐相融的心理关系；反之，则会产生疏远回避甚至敌对的心理关系。而要在师生间建立良好的人际关系，班主任就必须具备良好的交往心理素质。

（三）管理心理

所谓管理心理，是指班主任在班级管理活动的计划、决策、组织、指挥、监督、控制、调节等方面的综合素质与能力，它是保证班级管理工作顺利开展的必要条件。班主任在班级管理实践中，有必要全面地了解、研究学生以及班级管理的本质和规律，不仅要具有静态管理的素质，而且要具备动态管理的能力，也就是随着学生心理状态与外界环境的变化及时改变管理的策略方法，以便达到最佳的管理效果。

第三章　初中班主任的工作对象与工作目的

第一节　初中班主任的工作对象

初中生的年龄大约在 12～15 岁之间，正处在人生的第二个生长高峰期，其生理、心理均会发生很大的变化。因此，有学者把这一时期称为人的"转折期""关键期"或"危险期"。

一、初中生的思想特征和相应的成长需求

目前，社会处于转型期，新事物、新景象不断涌现，新思想、新观点也不断产生，传统道德受到冲击，传统文化受到挑战。因此，初中生的思想特征有了新的变化。

（一）努力奋进与消极倦怠并存

经济发展和人们生活水平的提高，使初中生对未来充满了美好的憧憬。绝大多数初中生理想远大，学习自觉性强，勤奋努力。但是，一些消极的社会因素使部分初中生对理想产生了动摇，学习动力有所减弱，有些初中生出现了旷课逃学、离家出走等现象。

（二）重视自主与看重自我并存

当代初中生在生理、心理的发展上均出现了早熟的现象，思维的批判性较之以前也出现得更早，发展得更快。一些初中生不希望教师、家长对自己管得太严，对成人

的某些关心教导不以为然，甚至非常反感。他们喜欢自己决策，不希望别人干涉，希望自己在独立处理事情时，教师、家长等能给予理解和尊重。这种自主意识对于他们自觉性的提高、积极性的发挥、自我教育的深化、意志的锻炼、能力的培养和独立性格的形成都是十分有益的。

另外，受到各种因素的影响，部分初中生常常以自我为中心，凡事常为自我利益考虑，在学校自我奋斗、自我欣赏，缺乏群体观念；在家里固执任性，不知体贴长辈。这种看重自我的意识使得他们很容易忽视师长的教导，而又把父母的关爱看成理所当然。

二、初中生的生理特征和相应的成长需求

初中生进入青春期后，受神经系统和内分泌的影响，其成长出现了"蓬勃成长、急剧变化"的局面，具体表现在身体形态的剧变、体为机能的健全、性成熟的开始。

（一）身体形态的剧变

1.骨骼与肌肉的发育

初中生的骨骼发育最快，但身体各部分发育不平衡，两腿比躯干长得快，因而初中生大多是瘦长型的体型。脊柱、胸廓、骨盆和四肢的骨化均未完成，骨骼含钙质较少，比较柔软、富有弹性、容易弯曲。肌肉的生长略迟于骨骼，因而容易引起肌肉酸痛。肌肉纵向生长，横向发展不够，因而耐力不足。班主任在组织实践活动时就要注意这些特点，以免学生受伤。

2.身高与体重的发育

初中生平均每年身高增加7～10厘米，体重增加3～6公斤。对此，班主任要及时提醒学生注意补充营养。

3.第二性征的出现

第二性征是指青春期男女在性激素的刺激下所表现出来的身体内外的一系列变化，是青春期性发育的外部表现。男孩表现为皮肤粗糙、肌肉发达、皮下脂肪少、喉结突起、声音变粗等。女孩表现为皮肤细腻、肌肉不太发达、皮下脂肪丰富、乳房隆起、声调变高、骨盆变宽、臀部变圆等。对此，班主任宴及时以主题班会等形式对初中生

进行性教育。

（二）体内机能的健全

1.呼吸系统的发育

12 岁前后是肺发育的飞跃期。肺发育的重要指标是肺活量的增长。进入初中以后，男生十四五岁时肺活量一般可达到 2500～3000 毫升，女生十四五岁时肺活量可达 2200～2800 毫升。随后，男女生差距逐渐加大，男生到十七八岁、女生到十六七岁时，肺活量可达到或接近成人；呼吸次数也有改变，一般可降压至 20 次/分左右，逐渐接近成人。

2.循环系统的发育

初中生的心脏发育很快，体积增加到出生时的 12～14 倍，已接近成人。脉搏一般为 80 次/分，比成人稍快；血压为（90～110）毫米汞柱/（60～75）毫米汞柱。血管的增长速度比心脏容积的增长速度稍慢，初中阶段达到 140：50。由于一些系统供血不足，初中生常常感到头晕，容易疲劳。

3.神经系统的发育

初中阶段，人的脑细胞结构和机能逐渐完善，趋于成熟，表现为脑重量在 12 岁时已达 1400 克，达到成人的平均脑重量；脑体积在 12 岁时已经接近成人的脑体积；大脑皮层的沟回组织已经完善分明，神经元也已完善化、复杂化，传递信息的神经纤维已经完成，内抑制机能也已发育成熟。当然大脑的完全成熟要到 20～25 岁以后。所以，初中阶段大脑的基本成熟一方面为初中生较为繁重的学习劳动奠定了生理基础；另一方面，这种基本成熟表明大脑的机能不完善，兴奋和抑制过程还很不稳定，兴奋性较高。因此，初中生不仅容易疲劳而且极易冲动。

（三）性成熟的开始

到了初中阶段，抑制早熟机能的胸腺急速地萎缩下去，生长激素和性激素急剧增加，促进了沉睡多年的性机能的迅速发展和性成熟的到来。性机能基本健全的标志：女子是月经初潮，男子是首次遗精。女性的性成熟期一般比男性早 1～2 年。我国女性月经初潮平均年龄是 13～14 岁，男孩首次遗精的平均年龄是 14～15 岁，无论男孩女孩均存在着显著的个别差异。

当然，由于遗传、环境等多种因素的影响，初中生的生理发展也存在差异。一般说来，这些差异是客观的，也是正常的。

总体上看，初中女生的发育要比男生早 1～2 年左右，表现在身高、体重、体态发展的高峰期的开始与结束均早于同龄男生。因此初一女生的平均身高要超过男生，而初二到初三男生的身高则会赶超女生。女生的身高陡增与体重的陡增是同时的，因而女生的身体丰满协调。男生则不同，他们体重的陡增要比身高的陡增推迟 2 年左右，因而初中男生往往显得身材瘦长，身体各部分不甚协调。男生脊椎骨的增长加快，而其肌肉的支撑力相对较弱，因此很容易出现脊柱骨弯曲或脊柱异常。

由于文化教育、生活条件、营养状况等因素的影响，不同地区的初中生的生理发展也存在着差异，如农村初中生身高、体重的增值要略低于城市的初中生，各项生理机能的发育高峰期也略迟于城市的初中生。

由于遗传素质、生活营养条件、学习锻炼的不同，初中生生理发展的个别差异也很明显，如性成熟的开始就存在着明显的个别差异。我国男孩首次遗精的平均年龄在 14～15 岁，而有的早在 12 岁，有的迟在 18～19 岁。有的女孩子的初潮年龄提前到 8～9 岁，而有的甚至晚到 20 岁。

三、初中生的心理特征和相应的成长需求

初中生的生理迅猛发展，特别是脑及整个神经结构、身体机能的成熟和完善，为初中生心理方面迅速发展提供了物质基础。此外，进入初中后，新的学习和集体活动对初中生所提出的要求与他们原有的较低的心理发展水平之间的矛盾，构成了初中生心理发展强有力的动力，促使初中生的心理发展也进入了一个崭新的阶段。

（一）智力因素

智力主要指一般认识能力，包括观察能力、记忆能力、思维能力、想象能力等几个方面。

1.观察能力的发展
（1）观察的自觉性、目的性的出现

进入初中以后，特别是到初二、初三年级，学生已经能够自觉地依据教学的要求去感知有关的事物，由被动感知发展到主动感知，由盲目感知发展到有目的感知。例

如，初中生为了完成一篇作文能够自主地选择一个对象，观察其各种外部特征以及发展变化的情况。

（2）观察的持久性、精确性显著提高

由于理解能力的增强、有意注意稳定性的增加，初中生观察的持久性显著提高。此外，到了初中阶段，学生对有关对象观察的精细程度也大大提高。

（3）观察的逻辑性、概括性明显增强

由于思维得到相应发展，初中生观察的概括能力明显发展，即他们会在观察中找出事物的共同点与不同点，找出事物之间的联系，而不是孤立地、单个地感知这些现象。同时，初中生按照规律去观察对象的能力也明显增强了，而且能把一般原理与个别事物或问题联系起来，这表明初中生观察的逻辑性已经明显发展起来了。

2.记忆能力的发展

（1）由机械识记向意义识记转化

初一年级时，机械识记仍起很大的作用，随着初中生视野的开阔、知识的丰富、语言的发展以及对思维材料加工能力的提高，意义识记的比重越来越大，逐步占据主导地位。因此，初中教师一定要注意培养和发展初中生的意义识记能力，使他们顺利完成由机械识记向意义识记的过渡，从而能够尽快适应初中门类繁多且较为抽象、紧张的学习活动。因此，为了发展初中生的意义识记能力，教师在教学中要对教学内容进行透彻的分析讲解，使学生能真正理解。班主任要从思想上高度重视这一问题，配合各任课教师有意识地教授学生意义识记的各种具体有效的方法，注意机械识记和意义识忆的有效结合。

（2）有意识记逐步占主导地位

随着年龄的增长和自我意识的加强，初中生有意识记的能力也逐步增强。初一学生的无意识记表现还很明显，保留着小学生识记的特点，识记的目的和任务多由教师和家长提出，自己被动执行。而从初二、初三开始，随着教学的需要和学生学习兴趣的提高，学生逐步学会根据不同学科、不同内容有意识、有目的地向自己提出识记的任务，自觉地支配自己的记忆活动，使之有意义、有计划并服从于一定的目的和任务，同时还能够选择适宜的记忆方法，自觉检查记忆的效果。

虽然没有明确目的，但不需要意志努力的无意识记也有其自身的优势，它不需要消耗太多的生理、心理能量，能够使人在不知不觉中记住，较为省力轻松。因此，教师一方面要教育初中生不可一味排斥无意识记，另一方面要尽可能地利用心理学的知识，创设无意识记的条件，以利用部分无意识记，减轻学生的记忆负担。

（3）记忆容量日趋扩大

初中生的记忆容量是小学生的2～3倍，在记忆的内容上，初中生不仅仅以记忆具体、直观的材料为主，而且开始大量地掌握各种科学概念、规则和原理，进行判断、推理和证明，形成概念体系，这种能力对初中生的学习是十分必要的。因此，教师在教学中应注意引导，促使学生形象识记和抽象识记两方面能力的提高。

（4）由听觉识记向视觉识记转化

进入初中以后，由听觉识记占主导地位逐步向视觉识记占主导地位转化。心理学研究表明，甚至从9岁起视觉识记便开始超过了听觉识记，之后两者虽然都在发展，但视觉识记的发展速度远远超过听觉识记。因此，教师应该明白，初中生记忆公式、定理，特别是外语单词时，要多看，看比听记忆的效果要好。当然如果能够建立多通道联系，又听又看又写又读，即耳到、眼到、手到、口到、心到，记忆效果则更佳。

3.思维能力的发展

（1）理解能力的发展

初中生的理解能力虽然有了很大的发展，但他们的理解能力在很大程度上还要依靠具体形象的感性经验的支持。例如，初中生在适当的教学条件下，已经能够掌握数、理、化中的一些基本的抽象性的概念，形成复杂的概念体系，能逐步理解事物的复杂性和内在规律性，能根据事物的本质特征和内在联系进行恰当的判断和推理。这说明初中生的抽象思维开始占优势，理解能力有了新的发展。但是在理解比较抽象的概念原理时，或解决比较复杂的实际问题时，具体形象的感性材料仍起着重要的基础作用。

（2）推理能力的发展

在教学条件下，初中生逐步学会有意识地使自己的推理合乎逻辑，基本上掌握了各种逻辑推理形式。但初中生推理的自觉性不是很高，他们对于一些感性材料常常有瞎猜乱碰或违反逻辑的推理。因此，教师在教学中要细心观察，及时指出，恰当地加以引导。

（3）思维品质的发展

①思维的敏捷性

思维的敏捷性是指思维的速度。初中生的思维敏捷性有了一定的提高，敏捷性上的差异开始表现出来，一般从初二开始较为显著，年级越高，差异越大。

②思维的灵活性

思维的灵活性受神经类型和个体知识经验等因素的影响。初中生的思维灵活性获得迅速发展，个体差异显著，进入高中后这种差异很快便会定型，因此初中阶段加强对思维灵活性的有意识、有计划的训练，显得十分重要。

③思维的深刻性

初中生思维的深刻性表现在能够自觉地要求自身从本质上看问题，但实际中仍停留在事物的表面现象上。

④思维的独立性

初中生的知识经验和小学生相比大大丰富了，自我意识有了进一步发展，抽象逻辑思维能力有了明显的提高，因此他们逐渐从小学阶段的被动服从转为独立思考，不再盲从教师、家长、书本，而有了自己独立的见解。当然，有时候这种见解往往是主观的、片面的、武断的，甚至是幼稚的。

⑤思维的批判性

与思维的独立性相联系，初中生思维的批判性也迅速发展起来。同小学生相比，初中生思维的批判性明显增强，他们开始怀疑一切，包括书本以及教师与家长，会表现出"顶嘴"和任性，不像以前那样听话，而是喜欢与人辩论，经常发表自己的见解。但是，初中生的这种批判性还极不成熟，常具有一定的表面性与片面性，容易孤立偏激地看待问题，争论时往往缺乏根据，以偏概全，从一个极端走到另一个极端。例如，讲一个人好，会把他说得完美无缺，而若讲一个人不好，则会把他讲得一无是处。因此，这个年龄的学生常令家长及没有经验的教师感到很头疼。而这时若采取斥责、压制、强硬的方法对待他们，往往会适得其反，不仅于事无补，而且会造成师生之间、父母与子女之间关系紧张、情感疏远，进而使学生不愿吐露真心话，教师和家长也就很难及时准确地掌握他们的心理活动。

⑥思维的创造性

初中生思维的创造性已开始萌发。初中生已不满足于一些常规的方法，开始尝试寻找新颖独特的途径，提出一些与众不同的见解。教师和家长若能做有心人，及时给予适当的指导和充分的肯定，使初中生能够体验到成功的快乐，那么不仅会大大促进其创造能力的发展，而且会大大激发其创造的兴趣，使其尽快养成独立思考的习惯。

4.想象能力的发展

（1）有意想象逐步占主导地位

初中生往往从某一目的出发，自觉地沿着一定方向甚至能够通过意志努力调节行动、克服困难进行想象。例如，一位学生向从未见过面的南方学生描述雪景时，有目的地把自己亲眼见过的雪景以及自己看过的电影、电视、图片、书上描绘的雪景的表象收集出来，加以整理。这种有意想象在初中生的美术创作中也能清楚地表现出来。

（2）创造想象开始出现

初中生开始出现创造性思维，能够独立创造新形象，但他们创造的意识还不是很强，自觉性还有待发展，创造的普遍水平不是很高。例如，初中生写作文从整体上看仍是模仿多于创造。因此，在初中阶段，利用课堂教学、各种课外活动有意识地丰富初中生的视听等各方面表象储备，对于发展初中生的想象能力、创造能力将会起到意想不到的良好效果。

（3）幻想的新发展

幻想是指与个人的愿望相联系并指向未来的想象，可以分为理想和空想。初中生的理想有了新的发展，自觉性增强，现实性、稳定性有明显发展。初中生不仅有了相对稳定的理想目标，而且对于这一理想的意义、实现等均有较为深刻的认识。班主任有义务对学生的幻想进行正确的引导、有意识的培养，排除来自社会的各种不良因素的影响，使每个初中生都有现实的、健康的、美好的理想。

（二）非智力因素

非智力因素是影响人们心理发展的那些具有动力作用的个性心理因素，主要包括自我意识、情感、意志、注意、需要、动机、兴趣等。这些非智力因素相互联系、相互制约，组成个性心理结构中的动力系统，对学生的学习起着调节、控制、维持和强化的功能，是个性中最活跃、最积极的因素，与初中生的学习成绩密切相关。

1.初中生自我意识的特点

（1）自我关注意识的出现

进入初中阶段，随着生理的成熟、经验的丰富，学生对外部世界的关注逐渐减弱，转而对自己、对内部世界产生日益浓厚的兴趣，经常审视自己、评价自己，包括对自己的衣着面貌、言行举止、品德等进行观察、体验、监督、暗暗欣赏或暗自埋怨。值得指出的是，这一时期的学生大多不愿轻易向人吐露自己的内心世界，往往开始写日记，把自己的内心世界、自己的所见所闻、所思所想真实地记录在日记里，并经常翻看。在这一时期，班主任与家长切不可擅自翻看学士的日记，否则将会引起他们极大的反感。

（2）成人感的产生

初中阶段第二个生长高峰的出现使初中生身高猛长，力气增强，精力旺盛，耐力增加，能够参加一些比较繁重的体力劳动，而且有了更加丰富的知识、技能，所以他们的成人感便自然萌发，自尊心急剧增强，在与别人的交往过程中特别希望对方把自己当作成人看待，希望对方能够尊重自己的权利和尊严，在生活、学习、劳动中往往会主动积极地承担一些艰巨的任务。初中班主任应该针对这些特点有意识地创设一些条件，满足初中生自我肯定的需要，使其体验成功的喜悦，同时在这一过程中及时给予指导，帮助他们客观地看待自己。如果教师与家长仍把他们当成孩子经常训斥或过分照顾、不信任、不尊重，长期下去，会使他们产生自卑、焦虑或敌对的情绪，影响他们个性的健康发展。

（3）自我性别认识的深化

由于身体的发育、第二性征的出现、性成熟的到来，初中生认识到男女之间本质的差异，在家庭、学校、社会各方面的教育影响下，他们会逐步明确不同性别角色的特点和行为规范，并在实际生活中按照这些行为规范与人相处，并开始希望得到别人对自己性别角色行为的肯定。

（4）评价能力的提高

评价能力的发展是自我意识发展的一个重要指标。初中生的评价能力和小学生相比有了显著的提高。第一，评价更加全面。对别人的评价能分清主次，一分为二。第二，评价的自主性增强。初中生评价时不再像小学生那样根据教师和家长等成人的标准，而是有了自己的见解。第三，评价标准有了质的改变。小学生多考虑行为的结果，而初中生评价时则开始考虑行为的动机和原则性。第四，自我评价能力增强。小学生往往习惯于对别人进行评价，而初中生则开始自觉地评价自我。但是初中生的自我评价能力落后于评价别人的能力，一般说来他们往往过高地估计自己的长处。第五，重视同龄人对自己的评价。与成人的评价相比，初中生往往更看重同龄伙伴对自己的看法。

2.初中生情感的特点

（1）情绪体验的强度迅速增强

初中生自我意识的发展同社会现实存在矛盾，尤其是神经系统兴奋过程优于抑制过程，产生了身心发展的不平衡，使他们的情绪具有明显的易感性，对外部刺激变得十分敏感，具体表现为遇到一点小事，或者振奋激动，或者动怒怄气，与人争吵甚至打架；有时又会转向另一种反面，变得泄气、绝望。

（2）情绪的延续性明显增加

初中生的情绪更多地表现出一种心境，在一段时期内，或者欢乐愉快，或者安乐宁静，或者抑郁低沉。初中班主任和家长要注意留心初中生的心境变化，找出导致不良心境的原因，尽早处理，使之心情舒畅，身心健康。

（3）情绪的内隐性的出现

一般说来，人的年龄越小，情绪的表现越直观。小学生的面部表情往往是他们内心世界的显示器，喜怒哀乐都明显地表现在脸上。用有些家长的话来说，初中生开始变得"深沉了"。初中生的情绪往往具有内隐的特点，这是初中生控制、调节情绪的能力增强的表现。

（4）情绪的表现形式更加丰富

人的情感主要通过面部表情、体态动作和言语表现出来。最初，人们的外部表情是无意识的，主要从面部和体态表现出来。初中生情感表现的意识性明显增强。初中生的语言表达也有了新的发展，他们不仅有意识地通过口头语言来表达，而且还会通过书面语言来表达。

（5）情感的内容更加深刻

初中生的集体活动日益复杂，交往范围不断扩大，集体感随之发展，友谊感更加强烈。初中生与成人的交往减少，与同龄伙伴的交往增多，有着强烈的集体生活需要，产生比较强烈的集体荣誉感、正义感、责任感、义务感等高级社会性情感。但是在班级中也易形成一些消极性的非正式群体，影响他们个性的健康发展。此时，初中生由于性发育的逐步成熟，对异性的爱慕情感开始出现，开始对异性给予关注，怀有好感，希望与异性交朋友，在异性同学面前表现得情绪紧张、言行不自然，出现了对异性爱恋情感的初步萌芽。这种情感，初中女生大约在十一二岁出现，男生则迟2年出现。

3.初中生意志的特点

（1）意志的目的性显著提高

初中生的意志行动已经出现明显的广阔性、社会性。他们已经能把个人目标与社会价值紧密地联系起来，经常主动地从事一些自己认为有意义、有价值的事情，而不像小学生那样容易受暗示，总是被动地顺从和执行。当然，由于初中生认识水平的局限性，意志的自觉性、目的性还不稳定，容易动摇，受暗示性要等到初三甚至高中以后才明显减少。

（2）意志的持久性进一步增强

初中生对于自己认为重要的、感兴趣的事情一般能主动克服困难，排除干扰，完成任务。但是这种持久性还很不稳定，遇到"诱惑"时容易分心，遇到困难时常会退缩。在情况变化需要调整目标计划时，他们也会把固执、任性看成是意志坚强的表现。

（3）意志的果断性有了一定的发展

初中生的意志果断性表现为采取决定与执行决定的速度很快，不喜欢拖拉。但这种快速决断往往缺少必要的思考，草率行事也会影响问题的解决。

（4）意志的自制性不断增强

自我意识的发展使初中生自我控制的能力有所增强，但初中生自制力的水平还很低，身体的急剧变化引起身心发展上的各种不平衡，因此他们的情绪波动很大，对自己的行为举止难以控制。

4.初中生其他非智力因素的发展

（1）初中生的注意

初中生的注意发展表现在他们有意注意的时间明显延长了，这主要是初中生神经系统机能的完善以及初中生意志持久性发展所致。有研究表明，小学生有意注意的保持时间平均是几分钟，而初中生有意注意的保持时间平均可以达到几十分钟。

初中生的注意发展还表现为意志品质的提高。初中生注意的范围扩大了，开始由局部注意到全局注意；注意的持久性增强了，可以较长时间地注意一个对象或专注于一种活动；注意的分配能力提高了，在学习过程中基本可以做到一边听、一边看、一边写，具有记课堂笔记的初步能力了；注意的转移能力也有了初步的发展，开始能够自觉地根据需要支配注意力，并且转移的速度有了明显提高。

（2）初中生的需要、动机与兴趣

①需要

从初中生心理发展的自然条件看，这一时期是其身体的急剧变化和性成熟开始时期，生理的发育必然会导致他们心理的变化，并影响他们的物质需要与精神需要的发展。

从心理发展的社会条件看，这一时期是初中生学习政治、文化，掌握社会必需的知识、技能，按照一定的社会规范准备参加社会生产劳动的阶段。初中生社会地位的变化、自我意识的发展，又会引发一些社会需要的出现，如交往需要、对异性的友谊需要、适应需要、审美需要、求知需要等。

②动机

动机是直接推动人们行动的内部动因。研究表明 年龄越小、年级越低，学习动机越具体，越多地与学习活动本身有直接联系。一般说来，初中生存在着以下几类学习动机：第一类，学习动机不太明确，主要是应付家长与教师；第二类，学习只是为了获得他人赏识，认为学习是为了获得教师的好评，为了让家长开心等；第三类，学习是为了个人前途，是为了考上大学、找到好工作等；第四类，学习是为了国家与集体的利益。动机水平越高，动机越稳定，越能促进学习。

③兴趣

初中生对不同学科的兴趣明显分化。

（3）初中生的气质与性格

①气质

气质虽然主要受先天神经类型的影响，但后天的环境与教育仍然起着很大的作用。一般说来，到了初中阶段，气质的特征已经有了明显的分化。男生中，生气勃勃又急躁冲动的胆汁质和热情灵活又外向易变的多血质气质类型较多；女生中，除了相当比例的多血质气质类型以外，沉着文静的粘液质气质类型也很多见。但初中生的气质尚有一定的可塑性，初中班主任应该利用这个时机指导他们有意识地对气质加以改造。

②性格

由于家庭、社会环境等各方面的差异，初中生的性格差异日趋明显，基本形成了对现实的稳固的态度和习惯的行为方式。一般说来，男生多开朗、勇敢、果断、好说好动、不拘小节；女生多勤奋刻苦、专心用力、责任感强、认真踏实、有耐心。男女生均具有积极向上、关心集体、乐于助人的品质。

总之，初中生的生理、心理的急剧发展，是初中生从童年期向青年期发展的过渡时期。这一阶段，一方面是最容易产生心理障碍、问题行为、不良个性的"多事之秋"，故被称作"危险期"；另一方面也是陶冶情操、增强社会适应能力、完成社会化、养成道德行为规范、形成个性的极其重要的阶段，所以被称为"关键期"。

人的成长是从生理成熟、社会化发展和个性形成三个方面表现出来的。初中生的生理成熟的发展过程是不平衡的；在社会化方面，家庭、学校、社会为初中生提供了更多的机会让其参与成人的活动，所以他们的社会需要增加，责任感增强，然而他们的活动范围还十分有限；在个性方面，初中生在人际交往中、在学习及集体活动中、在自我意识的发展中逐步形成道德品质和性格特点，但尚未定型，很不稳定。因此，以上三个方面在初中阶段既有前一发展阶段尚未完全转变的特点，也有新的发展阶段独有的、尚未稳定的特点。

各种因素相互影响，各种特点互相重叠，构成了这一阶段独有的一系列矛盾：独立性与依赖性的矛盾、求知欲强与识别力差的矛盾、幼稚与成熟的矛盾、自觉性与易受暗示性的矛盾、闭锁性与交往欲求的矛盾、理想与现实的矛盾等。正是这种种矛盾的斗争与发展，推动着初中生心理的不断进步。在矛盾的斗争中，他们常常处于无所适从的状态，这时外界的影响作用显得十分重要，初中班主任和家长要看准时机，及时给予积极的教育与引导，促使积极因素战胜消极因素，使初中生健康成长。

四、初中生的年级特征和相应的成长需求

初中生处于不同的教育环境，不同年级的学生具有明显不同的特点，因此表现出一定的年级特征。

（一）初中一年级：初中新生活的适应期

人的心理发展既有阶段性又有连续性。小学生进入初中便开始了一种全新的生活。

1.新的环境

由小学进入初中，校园、教室都是陌生的。初一新生还带着满身的孩子气，对新环境很好奇、兴奋，同时又很小心、谨慎。也许小学时上学和放学一直是家长接送，到了初中，学生必须试着自己乘车或骑自行车上学和放学。有的初中生午餐要在学校

食堂吃，甚至寄宿在学校里。

2.新的学习内容

在学习内容上，学科门数陡增，有些学科如化学、物理等对初一学生来说是全新的内容。教学方式也有了改变，教师更加注意指导学生对教学内容进行独立思考、自我安排。初中生在听课时开始试着做笔记。自习时教师的指导减少，做作业时，对知识的巩固必须由小学阶段简单的、大量的重复转为主动的思维加工和理解。学习内容更多，任务更重，压力更大。

3.新的教师与同伴

初中任课教师更多，而教师与学生的接触及对学生的了解和照顾却较小学阶段日渐减少，师生间的亲密程度也有所改变。初一时，同学间多是陌生的，彼此需要了解、熟悉、亲近。

初一学生刚接触新的生活时，虽然有新鲜感、好奇感，但同时也会产生陌生感、胆怯感和不安感，进而会出现人际交往中的失落、烦闷、孤独和学习进程中的紧张、不适、焦虑。这一系列新的刺激促使初一学生迅速调整心理，以尽快适应初中阶段新的学习与生活。

（二）初中二年级：转折中的分化期

初中阶段，新的生活提出的新要求与原有心理发展水平之间的矛盾构成了初一学生心理发展的动力，促使了他们进入初二以后新的质变的到来，具体表现在：身体急剧发展，进入高峰期；第二性征产生，性意识萌发，成人感产生；学习成绩、思想品德方面动荡分化明显。在初二阶段，有些在小学和初一阶段成绩平平的学生会脱颖而出，学习成绩迅速提高，并且沉着自信、志向远大、情绪稳定、热爱学习，荣誉感、责任感健康发展。还有部分学生在初二时会出现学习的大退步，并由此失去学习的自信和兴趣，从而不思进取，消极应付，甚至沾染上一些坏习气、坏毛病。从这个意义上讲，初二阶段是人生的一个重要十字路口，是发展高峰中的高峰。初中班主任、家长对此一定要有充分的认识，千万不可"初一放，初二松，初三再来敲警钟"。

（三）初中三年级：人生道路的选择期

升入初三，面临毕业，许多道路摆在面前：是读高中升大学，还是学一技之长？初三学生经过初二的动荡分化，身心发展趋于平稳和初步成熟，情绪稳定。对未来的选择，虽然家长的意见起着很大的作用，但家长对初三的学生绝不可完全越俎代庖，主观武断地决定一切，而是应倾听他们的意见，对于不同意见应该平等地商讨，以取得一致。如果这一重要问题处理不当，学生就会有被迫感，初三阶段的学习便失去应有的目标动力，以致学无成效。

按照学习动机的强度，我们可以把初三学生分为三类：第一类属强烈动机型。这部分学生学习成绩大部分不错，多选择升高中考大学的道路，近期目标就是能考进重点高中，大多"两耳不闻窗外事，一心只读圣贤书"。少部分同学尚且注意劳逸结合，全面发展，而相当一部分学生在升学压力下，片面追求学习成绩，影响了身体健康，也影响了心理、个性和社会适应能力的正常发展。第二类是中等动机型。这部分学生的目标是考入中专、职高等学校。他们很刻苦、很努力、很自觉，学习成绩比较稳定，心态也比较正常。由于他们焦虑较少，考试时往往能够正常发挥，取得好成绩。第三类是低动机型。这部分初三学生，或因基础差、学习困难，或因沾染一些坏毛病、坏习气而不愿学习。

五、初中生的时代特征和相应的成长需求

时代特征是指人们在特定的社会历史时期身心所具有的一般的、典型的、历史的特征。由于社会的快速发展，新的社会形势给初中生的身心发展打上了鲜明的时代烙印。

（一）生理成熟有所提高，心理成熟相对落后

物质生活水平的大大提高，改善了初中生的营养状况，导致了初中生生理上的早熟。有学者研究指出，20 世纪以来人的生理发育越来越提前。有资料表明，现代青少年的生理发展比其祖辈早熟 1～2 年，但是心理的早熟现象却并不明显。相对来说，心理发展要稍晚于生理的发展。

（二）独立性有所增强，依赖性仍很严重

当代社会是信息社会，这使得当代学生从小就见多识广，进入初中后很少见传统印象中的"听话的乖孩子"了，出现了更多的"自以为是"的学生。他们对人对事逐

渐有了自己的观点。尽管初中生在思想认识上的独立性增强，但生活中的依赖性仍很严重，特别是那些从小衣来伸手、饭来张口、缺少劳动锻炼和挫折磨炼的学生。

（三）性格上具有开放性，认识上具有片面性

当代社会是开放的社会，各种思想、各种观点、各种理论百花齐放、百家争鸣，传统文化受到强烈冲击。初中生喜欢广泛接触社会，思维活跃，性格开放，兴趣广泛，勤于思索。上至天文，下至地理，大到宏观，小到微观，从历史到未来，从理想到现实，从文学艺术到数理化，他们均有所了解，略知一二。同过去相比，当代初中生视野开阔，知识面宽广，接近事物的倾向更大、能力更强。当代的初中生大都乐于发表自己的意见，敢于提出各种各样大胆的问题，这对于丰富知识、开阔眼界、培养创造性均有重要的意义。但初中生认识能力的发展水平还十分有限，博采众长、广泛吸取的能力和去粗取精、去伪存真的能力还很弱，因此他们往往是仅凭一时兴趣和需要，不分美丑真伪地囫囵吞枣、兼收并蓄。当代初中生一般敢于发表己见，不隐瞒、不搪塞，虽然他们的不少思想认识是孤立的、片面的，甚至是严重错误的，但却很难被说服，有时教师和家长越进行说服教育，他们的逆反心理越明显，到最后甚至与之对立、对抗。因此，初中班主任与家长对初中生思想认识的教育一定不能随意和轻率地进行，否则会适得其反。

（四）交往上更具广泛性，情感上仍带冲动性

以前交通闭塞，人们的活动范围有限，初中生的交往范围大多局限在家人、邻里、亲戚、教师和同学。近些年来，我国交通事业飞速发展，初中生的交往范围越来越大，相比之下，初中生与家人、教师、邻里的交往有了一定程度的减少。但这并不意味着他们交际圈的缩小，相反，从总体看，当代初中生的交际范围较以前有所扩大。除了现代通信、交通手段的发达外，还因为初中生学习活动类型的增加，如各种竞赛、表演、参观、访问、旅游、社会调查、勤工俭学、手拉手活动等，这一切都使初中生更广泛地接触社会、结识各种类型的人。

可见，当代初中生交际对象有所扩展，更加复杂；交际范围有所扩大，更难控制；交际内容有所扩充，更加丰富；交际动机有所转变，更重个性；交际影响有所加强，作用更大。初中生离父母和教师似乎更远，因为他们比以前有着更广泛的活动空间。这里值得指出的是：第一，农村孩子，尤其是欠发达地区的农村初中生的交往范围虽

然有所扩大但是仍然很狭窄；第二，少数当代初中生被望子成龙的家长及严师管得太紧，除了家庭、学校，没有其他活动空间，除了教师、家长、同学，很少有其他交往对象。这对初中生性格的培养、社会化的完成和社会适应能力的提高极为不利。

当代初中生在情感上的发展没有十分明显的进步。在此阶段，初中生的稳定心境仍未形成，虽然情感丰富，但很脆弱，两极性明显，常常冲动。由于知识经验、认识水平的限制，他们在交友时往往缺少理性的分析，很容易产生摩擦和矛盾，因此当代初中生的交际对象变动很大。而他们对这种人际关系的变化又十分敏感，情绪会产生很大波动，或兴奋、激动、夜不能寐，或沮丧、焦虑、担忧、失望、垂头丧气，既影响身体又影响学习。

第二节　初中班主任的工作目的

每一项教育工作都有它的发展目的，初中班主任的工作以初中生的发展为最终目的。如何准确地理解和把握学生发展的内涵和实质是初中班主任工作首先要解决的基本问题。不同学科视野中的学生发展观是不一样的，在教育领域中人们曾用"生长"来描述学生的成长，后来更多地使用"发展"的概念，现今"生成"一词日益频繁地出现在各种教育文献之中。"生成"表示学生的成长是作为主体的人与对象性客体相互作用的结果，学生的发展是一个动态的变化过程。

一、初中生作为独特个体的自我生成

初中生是具有可教育性和需要教育性的，但是初中生又不是被动接受改造的人，还有其主动发展的一面，他是能动的存在。初中生在成长中表现出来的能动性，其高级形态不是自发的，而是自觉的。虽然初中生在成长中体现出来的主体性是以能动性为内涵的，但以自觉性为标志。初中生具有确定自我发展的能力。这一结论更是得到了许多学科领域的证实。皮亚杰曾说，学生是主动的学习者，学生是自己的哲学家。初中生的成长是一种典型意义上的生命个体的自我生成。这是初中班主任的工作目的之一，也是最基本的目的样态。

二、初中生作为未来公民的社会生成

关于教育的"自然生长说"，表面上十分尊重学生的主体地位，实质上只是一种"虚假的个人本位论"，因为这种论调脱离了社会生活世界。因此，分析初中生的成长，要和社会生活联系起来，赋予初中生的成长以丰富的社会生活内涵。这样，初中生的发展既不仅仅是自然的展开，也不仅仅是社会的塑造。初中生的成长过程不是一个纯粹的生物学过程，也不是一个被动地接受改造的过程，而是一个主动地与社会环境进行交换的过程：社会给了初中生一个"社会公民"的标准形象，而初中生给社会一个真正的社会公民。那么，初中班主任工作的目的在一定程度上就是帮助作为主体的初中生在社会生活中开发、占有和消化发展资源，从而生成社会需要的公民。

概括地说，初中班主任工作过程中的学生发展就是作为主体的学生在与社会环境客体相互作用中不断地生成特定的、完整的、社会的自我的过程。如此，初中班主任工作的开展和实施就是要为初中生的生成营造一种社会生活环境，有意识地提供一些更有利于学生成长的发展资源（主要是人类社会文化知识经验），通过引导把学生自我探索、自我发展、自我完善的潜在力量转化为自我生成的现实力量。

三、初中生作为"人"的整体生成

社会发展无非是每个个人发展和能动活动的结果。传统的学校教育缺乏"完整的个人"意识和对独立个性的关注。无论哪个社会发展阶段的学校教育，其功能的直接指向首先是个人的发展。从这个意义上讲，初中班主任工作在形式上要教育的是学生群体，而实质上初中班主任要面对的是一个个具有鲜明个性的初中生个体。初中班主任工作的最终目的和结果要归结到每一个学生个体身上，每个具体的学生个人是初中班主任工作运行结果的最终承担者和体现者。每个学生都既是一个特殊的、具体的个

65

人，也是一个整体的存在。理论上，我们通常将初中班主任工作划分为德育、学科教育等，而在具体的初中班主任工作实践中不可能有如此明确的划分。初中班主任所组织的任何一次教育教学活动，都对学生各个方面的发展产生这样或那样的影响。尽管初中班主任组织的教育教学活动有所侧重和明确指向，或者侧重于发展学生的智力，或者只是为了提高学生道德品质，但他的影响却是带有全局性的。另外，学生是知、情、意的统一体，学生的任何活动都有这些因素的参与。总之，学生在初中班主任工作中是作为完整的个人而存在的，其成长过程也是"人之为人"的整体性生成和发展。

综合"初中生作为独特个体的自我生成""初中生作为未来公民的社会生成""初中生作为'人'的整体生成"三方面的分析，初中班主任工作的目的应当整合为一句话：追求每个初中生的个性化发展。换言之，初中生完成上述三个方面的生成过程，轨迹应该是他独有的，在初中阶段的"生成"完成后，初中生应该是一个独立的、有自我内涵的人。

第四章　初中班主任工作的常规内容

第一节　初中班主任工作的基本任务

一、思想品德教育：培养品德高尚的初中生

对学生进行思想品德教育是初中班主任的重要任务，基本要求就是把初中生培养成一个品德高尚的人。这一任务可以分解成以下五个方面的教育内容。

（一）价值观教育

价值观是指人们关于基本价值的立场、取向、态度等。对于初中生而言，价值观实质上是一种内心的尺度，支配着初中生的行为、态度、信念、理解等，支配着初中生认识世界、明白事物对自己的意义、自我了解、自我定向、自我设计等，也为初中生实践正当的行为提供充足的理由或方法论。初中班主任首先应该帮助学生建立一个正确的、理性的价值观系统，以指导初中生未来的健康发展。

对初中生价值观系统的建构主要包括：社会价值观的建构，培养初中生对集体、他人的正确认识和科学态度；理性价值观的建构，培养初中生对知识、真理的正确认识和科学态度；审美价值观的建构，培养初中生对色彩、形体的正确认识和科学态度；经济价值观的建构，培养初中生对效率、收益的正确认识和科学态度；宗教价值观的建构，培养初中生对信仰、追求的正确认识和科学态度。

（二）爱国主义教育

爱国主义不仅仅是一种感情，还是一种思想、一种精神。爱国主义应当是热爱自己的祖国，具有为祖国的繁荣、富强、独立而献身的精神。

初中生的爱国主义教育内容主要包括：民族自豪感的培养，就是培养初中生为自己伟大的民族而感到光荣和自豪的精神；民族自信心的培养，就是培养初中生充分相信自己的民族必然越来越强盛的信念。

（三）集体主义教育

集体主义就是主张个人从属于社会，个人利益应当服从集团、民族、阶级和国家利益的一种思想理论，是一种精神。对于初中生而言，集体主义教育就是要使初中生的言论和行动在获得自身利益的前提下，符合班级群体的利益，由此而延伸，让初中生意识到自身利益的取得还要符合广大人民群众的利益。

初中生的集体主义教育内容包括：培养初中生把集体利益放在首位，主动为集体尽义务，努力做到个人服从集体，小局服从大局，局部服从整体；在保证集体利益的前提下，把国家利益、集体利益和个人利益有机结合起来，保证个人的正当利益和个人才能充分发挥。

（四）道德教育

道德是调整人们之间以及个人与社会之间行为规范的总和。这里的行为规范是指人们为了维护群体成员的共同利益、协调彼此关系产生的一些约定俗成、调节个人行为的准则。

初中生的道德教育应当包括：社会公德教育，培养初中生爱祖国、爱人民、爱劳动、爱科学、爱社会主义，并倡导初中生形成团结互助、平等友爱、共同进步的人际关系；职业道德教育，主要是培养初中生具备热爱自己选择的岗位、忠于职守、秉公办事等敬业精神；家庭美德教育，主要是培养初中生尊老爱幼、孝敬父母等意识。

二、学习策略的辅导：培养会学习的初中生

初中生的主要成长任务是学习，不断提高自己，初中班主任应该加强对初中生学

习策略的辅导，使初中生成为一个会学习的人。初中班主任对学生学习策略的辅导主要包括以下三个方面的内容。

（一）端正学习目的与学习态度

学习目的是学生进行学习活动所期望达到的结果。学习目的的教育主要包括培养学生为祖国富强而学习的理想和抱负；根据学生自身的实际情况确立不同层次的学习目标。升学指导也是学习指导，但主要是对高年级学生的指导。

端正学习目的的重要内容还有让初中生正确对待升学考试。班主任要教育学生树立理想、正确对待升学，指导学生全面系统复习；升学考试时指导和帮助学生了解报考门类专业知识、考场知识、考试心理调节知识等；升学考试后，针对学生情况做升学志愿填写、人生规划、心理调节等指导。

班主任要在教育学生明确学习目的的基础上，帮助学生树立严肃认真、一丝不苟、勤奋好学、踏实求精、刻苦钻研、勤于思考的学习态度。

（二）激发学习兴趣与学习动机

学习兴趣是学生对学习活动或学习对象的一种希求认识或趋近的倾向。为了培养学生的学习兴趣，班主任应该采用适合学生特点的学习方法吸引学生，指导学生参加课外活动，并使其有所收获。

学习动机是影响学生学习活动的重要因素，它不仅影响学习的发生，而且影响学习的进程和学习的结果。因此，培养和激发学生的学习动机成为人们日益关注的问题。激发学生的学习动机，班主任可以从以下几个方面进行：向学生提出具体而明确的学习目标；注意教师自身教学内容和方法的新颖性；创设学习问题的情境，启发学生思维；适当地开展学习竞赛活动；利用学生已有学习成果的反馈对学生的学习进行正确评价；等等。

（三）掌握学习方法

学习方法是指学生在学习过程中采用的手段和方式。学习方法直接影响着学习效果。在对学生学习方法的指导上，班主任应该注意以下三点：其一，指导学生自觉按照学习进程的基本环节进行学习，学生的学习过程由预习、听课、复习、作业和系统小结五个基本环节组成；其二，指导学生合理安排学习时间，科学用脑，养成良好的学习习惯；其三，引导学生根据学科特点以及自身的学习状况，采取相应的学习方法。

学习方法指导也包括让初中生学会制订学习计划。制订学习计划可以使学生减少学习上的盲目性，提高自觉性、主动性和积极性，养成良好的学习习惯。班主任指导学生制订学习计划，应做好以下工作：增强学生学习上的计划意识；对学生的计划决策进行指导；帮助学生不断总结、检查学习计划的执行情况。

另外，班主任还要加强对学生的自学能力的培养。学生的自学能力是在教师的指导下、在自学活动中形成的独立学习、独立探索、独立获取知识和更新知识的基本能力。班主任应从学生实际出发，因人而异，引导学生掌握学习活动的特点和规律，结合教学内容传授学习方法，指导学生私下交流学习经验等。

三、个人生活的辅导：培养会幸福生活的初中生

对初中生个人生活辅导的根本目的是培养会幸福生活的初中生，内容包括：帮助学生正确认识人生的意义和价值，培养积极向上的生活态度；指导学生正确处理家庭关系，尊重和体谅父母，能分担父母的忧愁，与父母同享快乐；指导学生料理日常生活，培养自我保护能力；等等。

（一）积极的生活态度的辅导

班主任的重要任务是将正确的价值引导蕴含在鲜活的生活之中，注重课内课外相结合，鼓励学生在实践中积极探究和体验，通过道德践行促进思想品德的形成与发展，指导学生在这个过程中正确认识人生的意义和价值，培养积极向上的生活态度。

（二）科学处理家庭关系的辅导

学生在成长中离不开家庭的影响，父母是孩子的第一任老师，家庭教育对于一个人的成长具有不可替代的作用。在现实生活中，有的家庭亲情关系紧张，子女与父母、长辈之间的冲突时有发生。班主任应指导学生处理好个体独立性与家庭亲和性的关系。尊重亲人、平等相待、履行义务、承担责任，是对学生进行家庭关系指导的主要方面。

（三）健康的物质生活的辅导

物质生活，主要体现在学生的住宿、饮食等生活环境、生活服务和生活质量方面。教师的爱不仅是学习上的诲人不倦，更有生活上的关心、爱护、体贴、照顾。因此，班主任要对学生的物质生活给予关心、帮助与指导，增强学生的自我保护意识，提高学生的生存能力。班主任要关心学生的在校生活情况，如饮食、起居、卫生，特别是安全，引导学生建立严谨、健康的生活方式，这也是保证学生身心健康、今后独立生活的基础。

（四）充实的闲暇生活的辅导

班主任要帮助初中生合理安排和利用闲暇时间，包括指导课外阅读、文体活动、创造性活动、欣赏活动、正当有益的趣味性活动、家务劳动等。闲暇时间的增加，一方面为初中生个性的充分、自由发展提供了条件；另一方面，如果利用不当，反而会带来一些消极的影响。如何引导广大初中生充分利用闲暇时间，提高闲暇生活的质量，便成为一个迫切需要解决的问题。班主任应帮助广大初中生树立科学的闲暇价值观念，并且在符合个性需要的前提下，向他们传授一些利用闲暇时间的技能与技巧，使他们逐渐掌握一些交际技能、文艺技能、体育技能、旅游技能和鉴赏技能等，满足他们精神上的发展和享受的需要，从而使其个性得以充分自由地发展，成为一个有理想、有道德、有文化、有纪律的社会公民。

四、人生规划的辅导：培养能把握自己的初中生

一个人要实现自我，达到自己的理想状态，活出精彩美好的人生需要拟定自己的人生规划。而班主任对于初中生的人生规划指导，应把重点放在规划生活（尤其是初中生活）、学习上，还要适当涉及日后的成长。

（一）初中生人生规划的重点

1.生活规划

生活规划包括人际关系、时间管理等内容。这些内容和初中班主任的其他教育任务有交叉的地方。但是，对于初中生而言，规划的重点应放在学习生活的谋划上。

71

2.学习规划

学习规划主要包括各学习阶段规划，如把学习划分为小学、中学、大学、职业进修、自我学习、短期学习、专业精修、其他学习等各个学习阶段，并制订各阶段要达到的学习目标、具体开展的方法及实施细则等。

3.工作规划

工作规划就是职业生涯设计。所谓职业生涯设计，即依据自身的条件及所处的环境，确定一生的职业理想目标，并根据这一目标来进行相关努力的过程。它包括职业选择、善尽职责、精益求精、工作乐趣、缓解压力、追求创新等。初中生的职业生涯设计关系到其未来发展方向，需要班主任提供科学有效的咨询与指导。

（二）初中生人生规划的方法

制订人生规划的方法有多种，如方向、目标的系统决策法，人生总流程的具体设计法，信息反馈调控法等。各种方法都具有自身的特点和优势，但万变不离其宗，大致可以分为以下四个方面的内容。

1.自我认知

人生规划的前提是要了解自己，因此班主任要帮助学生做好自我认知，便于学生在今后的生活中扬长避短，在新的选择面前，作出更适合自己的决策。自知是个不断加深的过程，越早了解自己，人生的发展也就越顺利。

2.明确目标

明确目标，即思索和确定日后为之奋斗的人生价值追求。班主任应指导学生遵循人生规律，按照完整、清晰的原则，划分人生各阶段的大体方向、核心内容及阶段目标。

3.目标分层

逐步细化目标的时间限制，具体到年、月、日，尽可能详细。

4.调整目标

生活是动态的发展过程，人生目标的确定往往是基于特定的社会环境和条件的，并且这些环境和条件总在变化，确定了的目标也应该随之作出修改和更新。

五、班级文化建设：培养有文化的初中生

（一）班级物质文化建设

班级物质文化包含教室内的环境布置及师生的仪表等，是班级文化的基础及其水平的外显标志。

1.建设优雅的班级环境

（1）教室的墙壁

班主任要在教室的前墙、左右墙等合适的位置悬挂或张贴《中小学生守则》、班训等常规内容，明确培养目标，还要在适当的位置张贴课程表等班级建设常规用表。

（2）教室窗台

有些教室的窗台向外有延展，在充分考虑安全的前提下，可用于摆放花草。

（3）教室走廊

教室走廊可以摆放花草，教室外墙墙壁可悬挂名人画像及语录。

（4）桌椅摆放

桌椅摆放要考虑教室的整体布置。例如，为了让学生近距离观看左右墙壁上的专栏内容，左右两组的桌椅均应向中间靠拢，空出 80 厘米左右的空间，这也有利于学生上课时看黑板。另外，桌椅的摆放一定要整齐，这是班主任应常抓不懈的工作，桌椅摆放不整齐将影响教室的整体美观。

（5）教室后墙

教室后墙可以设计成班级管理园地，作为公布班级管理信息的地方，以壁报的形式出现。班级管理园地不仅可以杜绝在教室里胡乱张贴的现象，保证教室整洁美观，还可以让班级管理科学化、规范化、有序化。只有科学、规范、有序的管理才能保证班级管理的质量，才能使一个班级健康发展，最终实现一个班级在整个学段的管理目标和育人目标。

2.建设个性化的班级标识

班级标识是班级文化的可视象征之一，是体现班级文化个性化的标志。班级标识一般包括两大部分：一是班级名称、班训、班徽等班级精神标志物；二是如班服等物质形态的标志。这里主要介绍一下班级名称、班训。

（1）班级名称

在我国，班级的名称一般是由学生受教育的程度（年级）和所在班级的序列构成，如高一（二）班，表示学生的受教育程度是高中一年级水平，班级序列为二。但也有很多非常规的班级名称很适合建设班级物质文化。例如，很多班级为了激励学生，选用一些含有特定意义的词汇作为班级名称，如"宏志班""火箭班"等。

（2）班训

班训指的是为激励全班同学勤奋学习、积极进取进而形成积极向上的班风而以简短的词句拟就的班级口号。它的特点是主题鲜明突出，简洁明快，富有教导和劝诫意义。班训一定要兼顾内容和形式。好的班训应该是内容和形式的完美结合体。第一，要用形象的语言表达明快的意旨，力求具体丰厚，切忌华而不实；第二，要有较为明确的宣传和激励作用，以指导全班同学努力实践；第三，要醒目，时看时新，耐人寻味，给人以美的享受；第四，字数不宜过多，一般控制在四到十二字，且多为双数。

（二）班级制度文化建设

班级制度文化，是指党和政府的有关方针、政策、法规、条例、指令等和社会主义道德观念、行为规范、是非标准等在班级日常工作、学习和生活中的具体体现，是班级全体成员共同认可并自觉遵循的行为准则。

1.班级制度的制定

班级制度必须以社会的制度为前提，与社会规范要求相一致。因此，班级制度只是对制度体系的一些细化。

由班级自行制定的制度规范，又称"班规民约"，包括班干部岗位责任制、自习制度、寝室制度、劳动制度、值日制度、春游制度等。班主任应用人文理念建立班级人文制度，具体体现在以下三个方面：

（1）全员参与制度的制定

制定班级制度规范时，不能由班主任或者班委会闭门造车，而应该交由学生广泛讨论，只有这样制定的班级制度，学生才会认可并自觉维护和执行。

（2）制度的目的在于引导

制度是一种具有强制力、约束力的条文，但对天真烂漫的学生，未必就一定要"板着面孔"，制度的内容完全可以也应该是人文化的。班级制度的语言表述可以采用活泼生动、学生易于接受的形式。班级制度所涵盖的内容不应太绝对，因为学生是一个世界观还未形成、自控能力较差的正在发展中的群体，生活中往往处于"犯错不知错"或"犯错不自觉"的状态，所以我们应该允许学生犯错误。制度制定的目的也并非杜绝学生犯错，而是在于引导学生认识错误和改正错误。从学生成长的历程来看，学生犯错误不仅正常，而且也未必是坏事。

（3）制度要具有可操作性

班级制度不宜太复杂，表述应通俗易懂，条款应具有可操作性。

2.班级制度的落实

首先，要组织学生认真学习各项制度，要求他们严格遵守，并对照规范的规定约束自己的日常行为，长此以往，形成习惯。

其次，要经常性地开展诸如"今天我值日""我是校园小警察""我是校容校纪纠察员""我是班级纪律检查员"等活动。这些活动不仅可以促使学生自觉地规范自己的日常行为，养成良好的行为习惯，还可以培养学生的社会正义感和责任感。

最后，要整合学校、社会和家庭的教育力量，充分发挥社会和家庭在制度教育中的积极作用。全社会共同努力，形成合力，才能使制度教育落到实处。

（三）班级精神文化建设

班级精神文化是班级在发展中，受一定社会文化背景、意识形态影响而长期形成的一种班级理念、哲学以及价值观，它是一种以意识为形态的班级核心文化。班级精神文化是渗透在班级师生心灵中的一种精神动力，是班级健康发展的强大动力。

1.班级精神文化的主要内容

班级精神文化主要包含两个方面的内容，即办学宗旨和班级价值观。办学宗旨就是办学的主要目的。价值观是关于对象对主体有用性的一种观念。班级价值观是班级师生关于班级意义的终极判断，是班级在经营中所推崇的基本信念和奉行的主要目标。

2.班级精神文化的建设途径

班级精神文化是班级文化植根历史、体现现实、引领未来的集中表现。因此，培育班级精神文化必须立足于班级实际，继承优良传统，体现时代发展要求。培育班级精神文化是一个动态生成的过程，是一个在实践中不断丰富、升华的过程。任何一个班级，都必须将自己置于动态的发展中，在发展中传承文化、追求理想、塑造精神。班级精神文化一旦生成，班主任就要引领全体学生努力实践班级精神文化，使班级精神文化融入每一个学生的思想观念、道德情怀、行为规范中；使班级精神文化成为激励学生勤奋学习、塑造自我的精神力量，最终使班级精神文化成为班级教育的根本价值追求。

（1）提高学生的生命意识

尊重生命是社会的首要价值准则。它具有目的性、普遍性和平等性的特点。班主任要提高学生的生命意识，让生命的唯一与神圣融入文化，铸成信仰。生命价值的内在意蕴在于：生命的偶然性让人不能不深深体味生命的唯一和可贵；生命的短暂性是人们尊重生命与珍爱生命的至上理由。对生命的理解及态度，构成了生命意识。

（2）确定健康的奋斗目标

班集体的形成和巩固是以共同奋斗目标为前提的，正确的奋斗目标是维系师生的纽带，是班集体前进的动力。确立班级奋斗目标的方法是多种多样的，一般说来有以下两种：一是师生共同商定。发展状况良好的班级一般宜采用这种方法。它可以集思广益，使目标的确立更切合实际，增强了可行性；同时也可以满足学生的情感需要，增强激励性。共商的过程就是学生自我教育的过程，因此还可以培养学生自我调整、自我教育的能力。二是班主任定夺。班主任在作出定夺前，必须进行细致的调查研究，尽可能地了解并吸收学生的愿望和要求，在目标提出以后还要反复讲解、动员，使目标逐步转化为学生自觉努力的方向。

（3）营造积极的舆论氛围

学生在集体中，思想行为容易受到集体舆论的制约和同化，心理学上称之为"从众心理"。因此，班主任要重视舆论文化的建设，真正做到"以正确的舆论引导人"。班主任要培养正确的集体舆论，可从以下几个方面入手：①加强学习引导。班主任可以组织学生学习思辨哲学、法规制度、道德修养等，提高学生的思想认识水平及明辨是非的能力，使学生树立正确的价值观，养成良好的道德行为习惯。②开展各种有益的健康活动，如学雷锋活动、演讲比赛等，以培养正确的舆论。③清除文化垃圾，净化校园空气。不传阅不健康的书报杂志，不学唱不健康的歌曲，清理课桌、书本、文具盒上不健康的图画及语言文字，消除消极文化的影响。④针对倾向性问题或热点文化现象举办专题讲座、主题班会、辩论会，澄清模糊认识，引导正确舆论。⑤抓好宣传阵地，充分发挥广播室、黑板报、阅报栏、宣传橱窗、图书阅览室、名人名言警示牌的作用，表扬好人好事，同时批评错误的思想行为。

第二节　初中班主任的日常管理

本节以内容为指标具体分析初中班主任的日常管理，具体可以分为初中生的个别化教育、班级信息的采集与整合、班级财物管理、班级档案的收集与管理、安全隐患的提前发现与及时处理、突发事件的科学应对与善后。

一、初中生的个别化教育

个别化教育是面向全体学生，适应学生个别差异，发展学生个性，进行因材施教的教学模式、教学策略与设计。它是就班级授课本身存在的不能解决同班学生中个别差异的弊病而提出的。个别化教育在组织形式上介于集体教学与个别教学之间，是在集体教学的条件下适应并注意发展个性的教学。在内容上个别化教育不仅注重整体的、个体的认知，还注重整体的、个体的情感、态度、意志、个性等心理因素；在教学过程中，它要求教师从学生的个别差异出发，对教学所涉及的各种因素、各个环节进行重新组织和调整，即教师根据学生的能力、需要、兴趣、身体状况等设计不同的教学计划或方案，采用不同的教学资源、不同的教学方法和不同的教学评价手段进行教学，从而使班级中每一个学生都能得到合适的教育，并取得最大程度的进步。

（一）引导学生确定个性化发展目标

班主任要引导学生个人提出自己的愿望和要求，如学习成绩的提高、文艺特长的展示、组织能力的表现、个人兴趣的满足等，并为实现这些个体要求创造适当条件。初中班主任应当建立一种机制，让学生个人在集体面前充分地表达自己期望借助班级力量实现的梦想、愿望和目标，方式可以是在班级或小组会议上宣讲，也可以是在教室宣传栏上张贴"个人愿望广告"，这种表达机制对于内向的学生尤其重要。为了切实帮助学生实现个人目标，班主任可以把部分目标（积极的但又是量力而为的）变成集体议程，正式列入班集体计划，保证个人目标和愿望受到大家的关注。

（二）打造学生个性化发展的主渠道

课堂教学是培养学生的主要途径，学生的个性化发展最终要体现在教学上。初中班主任应做到以下几点：

第一，协调实现教学组织形式的多样化。初中班主任的努力重点就是将单一的班级授课制转变为多种教学组织形式并行。即使在班级授课制下，班主任也可以采用多种教学方式，如合作小组学习、班级内层次教学等。当然，在这一层面上，班主任的作为空间相对狭小。

第二，协调实现个别化教学。个别化教学可以充分注意学生的个别差异，鼓励学生对自己的学习负责；另外，在个别化教学中，任课教师和学生互动可以调动学生学习的积极性。

第三，帮助班级任课教师确定自己的教学个性。任课教师的教学活动也是一种个性化的活动，每个任课教师应根据自己的知识经验、能力水平、个性特征寻求适合自己的教学模式，树立自己的教学个性。只有这样，任课教师才能以教学个性影响学生的个性化发展。

（三）建构学生个性化发展评价体系

为了促进学生个性化的发展，初中班主任应当不断评估学生个体发展的需要，据此组织多样化的活动，给学生的个性发展创造表现和深化的空间。评价应是多视角的。所谓多视角有三层含义：一是评价目标是多角度的，不能只关注学生的一种智能发展；二是评价要关注学生不同阶段成长的特点；三是所采用的评价方法是多样的，不能只局限于笔答，必须将其他的评价方法引入评价系统，如操作性评价、成长历程评价、实地观察评价等，发挥各种评价方法的特点，全面发掘和认识每个学生的个性。

二、班级信息的采集与整合

班级信息是在班级建设过程中出现的能够反映学生成长、教师授课、班主任工作开展、班内环境变化等的各种信息。这些信息是学生和教师在班级建设中通过交往形成的，采集并整合这些信息对于初中班主任开展工作具有很大的现实意义。

（一）班级信息采集的内容

班级信息采集的内容主要包括以下几个方面：

1.学生个人信息

学生个人信息包括学生生活情况信息（如学生的健康状况、性格倾向、行为特征、兴趣爱好、交友情况、家庭状况等）、学生学习情况信息（如学生的学习基础、学习能力、学习实践、课外活动情况等）、学生行为情况信息（如生活行为记录、问题行为记录、良好行为记录等）、学生人际关系信息（如班级中学生个人之间的交往、班级中的非正式群体、校外交往等）。

2.教室环境信息

教室环境信息包括教室环境管理计划、墙壁空间的利用、展示布告的布置、板报情况、教室卫生情况、采光保暖情况、座位的排定方式等。

3.班级活动信息

班级活动信息主要有班级管理计划及与计划有关的具体管理行为记录、班级决议、班级例行活动（班会、晨会）计划、班级互助活动计划、课外活动计划、家长会记录、班级通信记录等。

4.其他相关信息

其他相关信息主要包括学校和家庭的信息、学校对班级建设的教育管理目标、学校对班级的管理计划、家庭对班级的期望等。

（二）班级信息采集与整合的流程、要求

1.班级信息采集与整合的流程

（1）信息收集

收集信息是管理信息的基础。收集信息要注意信息的真实性和完整性，尽可能将该收集的信息汇集起来。

（2）信息加工

信息加工就是采用科学的方法，对收集到的原始信息进行分类、筛选，使之条理化、系统化，更好地为班级建设服务。

（3）信息传递

信息传递就是把收集的和经过加工的信息传递给班主任、家长、学生等使用者。

只有通过信息的传递，才能使信息起到应有的作用。

（4）信息贮存

信息贮存是指将经过加工的暂时不用的信息加以保存备用。使用过的信息也可以保存，供以后参考。

2.班级信息采集与整合的要求

（1）及时性

信息的时效性很强，特别是现代社会的生产和生活变化都比较快，而班级的教育和管理又是一个不间断的连续运转的过程，如果不能在恰当的时间提供信息，那么信息就失去了它应有的价值。因此，必须以最快的速度将信息传递给需要信息的人，使其发挥最大的效用。

（2）真实性

信息必须如实地反映班级的客观情况，做到真实、准确、可靠，否则会导致班级管理的失误。

三、班级财物管理

班级财物主要分为三部分：一是所有权为学校所有，归班级使用的财物，如教室内的公用设施、宿舍的设备等；二是班级集体所有的财物，如班级中用班费购买的物品等；三是班级成员个人所有的财物。

（一）对学校公共财物的管理

对于学校公共财物，班主任应建立班级的公物保管制度，把财物管理包干到人，做到责任到人，管理到位。班主任要组织学生做好公共财物的登记、保管、使用、借调、毁损、报废、拆除及处理等事宜。

（二）对班级公共财务的管理

班主任不可管钱，要师生共同理财，并将财务公开。如果需要使用班费，班主任应该和学生讨论之后再使用。班费使用的所有账目要公开，让学生了解班费的使用情况。

（三）对学生个人财物的管理

班主任要注意增强安全防范意识，教育学生妥善保管个人财物。对于没收、代管的学生财物，要特别注意依法保管和处理。

四、班级档案的收集与管理

初中班级档案按照档案保存内容可分为集体类的档案和学生个体的档案。

（一）班级集体档案的收集与管理

班级集体档案主要包括学生的基本信息汇总、学校公布的各项常规管理分数、历次学习成绩表、参与学校重大活动的资料、班级活动资料、家长与任课教师反馈的信息资料。这些资料的收集是在日常班级建设中逐步进行的，班主任要及时分类整理、分析，便于日后查阅和使用。

（二）学生个体档案的收集与管理

通过建立和不断完善学生个体档案，班主任能有效分析学生个体的成长差异和不同需求，及时提供有针对性的帮扶。

班主任收集的学生档案内容包括：个人基本情况，即学生的身体、学习等基本情况；家庭基本情况，即家庭结构、家庭类型、家庭经济、家长受教育程度和职业、家族有无遗传病史、养育方式、对孩子的期望等；学校提供的信息，即学生在初中时的思想、学习、行为等情况的反映信息；班主任对学生的辅导记录，每次辅导班主任都要做好记录，并尽量保证资料的完整、细节的具体，以备检测自己的帮扶工作是否有效果。

家长提供的学生档案内容包括：学生在家的表现（为了便于家长操作，班主任可以设计成表格或问卷供家长填写，也可以由家长自行设计）、家长在家对学生的教育引导记录、家长对该生的要求、家长对班主任或任课教师提出的要求。

学生自己搜集的档案包括：学生自己记录的有关自身的成长情况、成长感悟，对教师和家长的希望与要求。

五、安全隐患的提前发现与及时处理

（一）安全隐患的排查

班主任首先要将所有可能给初中生带来伤害的因素一一列举出来，这些因素都可能是安全事件的触发点。

1.校园客观存在的安全隐患

校园客观存在的安全隐患包括：学校商店、食堂、小卖部的食品质量问题；宿舍失火、触电、溺水等隐患；学生之间的暴力行为、欺诈与敲诈行为；课间、室外活动、上下楼时的意外伤害；违纪攀爬校园院墙、建筑物而造成的伤害；部分学生和校外不良人员接触带来的对在校学生的伤害；校园内部的丢窃；物理等学科做实验时的意外事故；体育课、运动会等体育运动中的意外伤害；等等。

2.学校教育主观不当产生的隐患

学校教育主观不当产生的隐患包括：教师的教育方法简单粗暴对学生造成的伤害；由于学习、人际关系等出现过重心理压力，但班主任没发现造成的意外；班主任或教师处理问题有失公正或批评方法不当给学生造成的伤害；学校制度制定不当、预防管理不当（如场地设施提醒不当）出现的安全责任事故；教师对学生期望值过高带来的心理压力过重，造成不良后果；等等。

3.来自学生的安全隐患

来自学生的安全隐患包括：逆反心理、特殊个性造成的不良后果；学生旷课、逃学、离家出走存在的不安全因素；等等。

4.来自社会的安全隐患

来自社会的安全隐患包括：社会青年等外来势力在学校周边对学生进行的敲诈等行为；学校周边发生的暴力、打斗、伤害行为；校外不良人员对学生的言行、心理威胁，对学生的引诱、拉拢与教唆；校外交通安全事故；父母离异、单亲教育不到位、父母常年外出对学生教育过少等造成不良后果；等等。

班主任可通过校园巡视、现场观察、学生意见、家长联系等途径发现存在的安全隐患，防患于未然。

（二）安全隐患的排除

初中班主任对安全隐患的排除，一般应该遵循下列流程：第一步，班主任一旦发现安全隐患，必须提高警觉，在最短的时间内，对安全隐患进行确认，并对其严重性、危害性作出果断的判断，同时启动预案，包括有效控制局面、迅速抢救伤员、向有关职能部门汇报等；第二步，快速通知医疗、警方、主管机关及有关学生家长；第三步，进一步了解情况后，清晰地掌握事件的来龙去脉，并采取一系列的处理或补救措施；第四步，抚慰学生、家长及相关人员，并快速建立班级内部的支持力量。

安全隐患排除、事故处理完毕，班主任要向学校有关部门提供详细的汇报报告；在班级中把事情清晰地通报给全体同学；要进一步落实对事主的相关处理；修护相关的设施，加强预防工作，减少类似事件的发生；总结经验教训，检讨得失，讨论工作改进方案等。

六、突发事件的科学应对与善后

突发事件是指班级中突然发生而又无法提前预测的重大事件。突发事件具有不可抗拒性和很大的危害性，会影响学校的社会声誉，对家庭、对学生个体也有重大的伤害性。

（一）突发事件的体现形式

在初中阶段，突发事件主要的体现形式是学生和教师的激烈冲突、学生打架斗殴、学生一时负气离家出走等事件。

（二）突发事件的成因分析

1.初中生的学习压力过大

尽管中考的压力要小于高考，但现代社会对人才的水平要求越来越高，初中生的学习压力过大。部分初中生在成长中失去了快乐，造成心理错位，当过重的压力通过其他问题的出现释放出来后，便容易导致过激行为的发生。

2.家庭教育的不当

初中生思想不稳定，变化大。家长普遍对孩子寄予厚望，往往提出不切实际的要求，当学生无法满足家长的要求时，一些家长往往采取打骂等过激的方式让孩子继续努力，导致了学生的逆反心理，从而引发过激行为。

3.学校教育的不当

在初中阶段，评估教师的一项重要指标还是学生的学习成绩，这导致教师普遍重视智育，轻视德育，对学生缺乏了解和关爱，管理方法简单、粗暴，容易造成师生关系不和谐。

4.独生子女的人际交往能力差

现今社会，独生子女越来越多。独生子女在家庭成长的过程中，容易形成以自我为中心的价值体系，在人际交往中容易忽视他人的感受。

此外，网络游戏的影响也是引发校园突发性事件的因素，它常导致学生作出打架斗殴等过激行为。

（三）突发事件的预防和善后

突发事件具有显而易见的特殊性，所以班主任在处理突发事件时，一定要沉着、冷静、审慎行事，不断观察、分析事态的发展变化，并有所预测。班主任要有随机应变的心理准备，对症下药，做到防患于未然。

1.加强学生心理健康教育

班主任首先要了解学生的心理情况，有针对性地开展心理健康教育，还可以与学生共同对心理问题进行分析、交流、探讨，联系实际对他们进行心理健康与修养的教育，促进学生健全、成熟人格的发展。

2.加强科学的人生观教育

市场经济的浪潮，使中学生的人生观呈多元化发展的态势。面对新问题，班主任要结合丰富多彩的文娱、体育和社会实践活动，或召开主题班会或组织学生专题讨论，营造文明和谐的育人氛围。

3.减轻初中生过重的负担

学校要全面实施素质教育，要注重学生的心理健康和个性发展。教师在教育教学过程中，要教书育人，激发学生良好的学习动机，尊重学生的主体地位，避免伤害学生的自尊心；要引导学生主动学习，以培养其探究精神，使之不断提高学业成绩。班主任要指导家长科学教育子女，使家长掌握科学的教育方法，营造和谐的家庭教育氛围；要求家长注重子女人格的健全发展，对子女的学业给予适当要求，避免施加过大的学业压力。

4.加强学校和家长的联系

班主任要通过多种方式与家长保持经常性的联系与沟通，如家访、电话、便条等形式。学生在学校和家庭的表现往往会不一样，班主任和学生家长只有加强联系，及时了解学生的真实情况，对各种问题才能早发现、早预防、早解决。

5.做好善后处理工作

突发事件对班级、家庭的影响非常大，其负面影响很难在短时间内消失，这就要求班主任及时做好善后处理工作，使班级生活、学生生活尽快步入正轨。

第三节　初中班级活动的组织与实施

初中班级活动是指在班主任的组织下，为实现班级教育目标而举行的各种主题教育活动。

一、初中常规班级活动的分类

（一）学习活动

学习活动是指学生在校期间一起上课、作业、自习等学习知识的活动。学习活动是班集体中的主要活动，占据了绝大多数时间，也在班集体建设中占据主导地位。

（二）生活活动

这里的生活指狭义的生活，即学生的吃、穿、住、行等。学生在学校除了学习外，当然也要生活。课余时间学生需要相互交往、游戏、共同生活，住校的学生要一起进餐，同室睡觉，起居都在一起，走读的学生也存在课间的交往、上学路途的互相照应等。这些活动能加深同学间的相互了解和相互依赖，增进学生的集体意识。

（三）班会活动

班会是全班师生自主活动的一种教育形式，也是学生进行自我思想品德教育、增进同学间的了解和友谊、张扬个性品质、激发创新思维的一个重要阵地。班会活动是进行优良班集体建设的重要手段之一。

（四）团队活动

学校的共青团组织和少先队组织所进行的活动相对规模较大，而且一般都要走出班集体空间。这种活动主要是以班级为单位的活动，无论是班级全体成员参与，还是少数或个别代表参与，全班同学都会自觉地团结起来，凝聚在一起以形成合力。

（五）综合实践活动

综合实践活动是指学生有组织地走出课堂、走出校园，以社会为认识对象所进行的一些教育活动。其目的在于通过社会实践丰富学生对社会的感性认识，培养学生的社会情感。在综合实践活动中，无论是以班为单位的整体行动，还是以小组或个人为单位的分头行动，集体中的每个成员在社会实践活动中的一言一行、一举一动都代表着班级的形象，关系着班级的声誉。因此，社会实践活动是对学生的一种锻炼和考验，同时在活动中同学的相互照应、真诚帮助，以及活动中成绩的取得都会对优良班集体建设产生巨大的推进作用。

二、初中常规班级活动的组织

（一）活动主题的确定

主题是统领整个活动的灵魂，好似一条红线贯穿于活动的始终，影响着活动内容的确定和活动形式的选择。因此，班主任要为班级活动选择恰当的主题。

1.细心观察，深入了解，掌握动态

班主任要通过多种渠道，对学生进行详细的了解，以获取学生在学习、生活、思想、交友等方面的信息。了解这些信息的目的就是通过综合分析，把握他们的思想动态，使班会活动更具有针对性。

2.广泛拟题，充分酝酿，精心选择

班级活动的主题可先由班主任划定大致范围，然后由学生酝酿；也可以由班干部在广泛听取同学意见的基础上拟定几个主题。对于这些主题，全班学生要一起进行筛选，最终确定活动主题。这样可以调动学生参与的积极性，为活动的正式进行奠定心理基础。酝酿的过程实质上也是教育的过程。

活动主题既要符合当时的形势和学校教育工作计划的要求，又要结合学生的思想实际、年龄特征和班集体中存在的普遍性问题，使活动能切实起到解决学生中普遍存在的有代表性的问题的作用。

（二）活动计划的撰写

1.标题

标题即计划的名称，包括制订计划的机关或单位名称、计划的种类、计划的使用期限。另外，标题还分为正标题和副标题，正标题用以概括计划正文部分的内容，副标题标明计划的机关或单位名称、计划适用期限和计划种类。

2.正文

正文即计划的主体，一般包括简单的前言，总的目的任务，制订计划的依据，指标要求，具体项目，实施的步骤、方法与措施，完成的时间等。为了眉目清楚，计划的正文一般都分条分项地写。重要的计划还要在正文后面说明执行计划的开始日期。目标、措施、步骤是构成计划的"三要素"，是计划的核心。这部分一定要写清楚"为什么做"（目标）、"做什么"（措施）、"怎样做"（步骤）。

3.结尾

结尾包括署名与日期，要标明制订计划的个人姓名或单位名称，写清制订计划的年、月、日，和常用公文一样，写在正文的右下方，署名在前，日期在后。

在实际应用中，可根据具体内容对计划的基本格式做些变动，如省去前言或结尾的文字等，但是目标、措施、步骤这三者不可省略。

（三）活动材料的准备

班级活动，有时会用到一些工具和材料，如模拟式主题班会所需的道具；文娱式主题班会所需的录音机、乐器、化妆油彩、服装等；展览式主题班会所用的小制作、小发明、小设计作品等。这些工具和材料都应该提前准备好。一般来讲，班级活动所需要的器材可通过以下几种形式准备。

1.向学校借

学校一般都备有学生活动常用的器材，如录音机、音响、投影仪、桌椅、板凳等。

2.学生回家筹集

很多活动所需要的器材可以由学生从家中准备，如野炊用的餐具、化妆品等。如果从学生家中借用器具，一般要征得家长的同意和支持，最好由学生本人使用，如有损坏，应及时理赔。

3.租用

学校周围或者社会某些特定地区都有活动所需的道具，如演出的戏服、表演的道具等。在租借道具的时候班主任要全程参与，如果发生纠纷应由班主任出面解决。

4.购买

部分一次性消费品则需要购买，原则上以节约为主。

（四）活动场地的选择

班级活动的举办地可以在教室，可以在校园，可以在社区，也可以在野外。活动场地如果选在校外，要注意以下六个方面的问题。

1.提前联系好场地

因为社会场所有很多活动，如果不提前联系，可能到时候他们不能把场地提供给班级使用。

2.量力而行

很多社会场地如礼堂、剧院、公园、会展中心、科技馆等都需要场地租用费或者门票，而学生活动的经费是有限的，所以在选择场地的时候要量力而行。

3.注意安全

学生到校外进行活动的时候，往往很激动，而且集体活动中存在很多安全隐患，如交通、河流、沟壑、楼梯以及其他偶发事件，班主任都应该提前预想到，并逐一检查落实。

4.做好善后

在使用社会场所的过程中要注意公德，使用结束一定要做好善后工作，主要包括三个方面：一是收拾整理并打扫卫生，使场所恢复原来的面貌；二是给场所主人交代清楚，归还场所；三是结清租金，不要拖欠。如果选在校内，最好不影响其他班级正常学习。活动场所的布置应该依据活动而定，尽量符合学生的审美标准。

（五）班级活动的后续

对活动的评估和拓展是班主任必须做好的工作，通过反思可以使活动的教育效果得以加强。

1.班级活动计划的评估

对班级活动计划的评估主要包括：活动的主题选得是否合理，主题提炼的深浅是否得当，活动的时间安排如何，人员挑选和落实如何，活动过程中是否对计划进行了调整，如果进行了调整原因是什么，活动中还有什么情况是计划中没能预设到的，活动的过程设计得是否恰当，等等。

2.班级活动过程的评估

对班级活动的过程评估主要包括：活动是否按计划顺利进行，如果没有，原因是什么；计划中的每项活动与实际开展是否有差异，如果有，原因是什么；活动中存在哪些困难，以后的计划该如何针对这些困难进行调整；有哪些活动在实施中根本就不可能开展，哪些是需要改进的；等等。

3.班级活动效果的评估

班级活动都需要达到一定的预期目的，因此在活动结束以后，必须对活动的效果予以评估。一般来讲，完全达到目的是不现实的，但是在活动中往往会产生意想不到的效果，有正面的，也有负面的，这些都需要班主任认真地总结和评估，以便在以后的班级活动中加以注意。

第四节　初中班级教育力量的分类与整合

班主任是班级中的教育者，但不是唯一的教育者；班主任是班级的主要管理者，但也不是唯一的管理者；班主任是班级的管理者，但不可能时时直接面对自己的管理对象开展工作。在班级管理活动中，各种教育者都在开展着各自的工作，各种教育力量都在发挥着各自的作用。只有将来自多方面的教育力量整合起来，形成合力，才能最大程度地实现班级管理组织目标。本节将从班主任与各方面教育力量的整合来谈谈班级管理中的协调问题。

一、班级教育力量

班级是学生成长的独特环境，之所以独特，是因为在这个环境中存在着各种影响学生成长的教育力量。把握这些力量是班主任的重要任务。初中班主任应该主动承担起协调班级中各种教育力量的任务，更好地发挥他们的教育作用，促进学生的健康成长。

（一）班级教育力量的分类

班级教育力量是指班级环境中影响学生发展的教育因素。这些因素包括班主任、科任教师、家长、社区辅导员等。此外，作为班级成员的学生也会发挥教育影响的作用。

1.任课教师

初中生要学习的课程跟小学相比多了许多。《基础教育课程改革纲要（试行）》中规定："初中阶段设置分科与综合相结合的课程，主要包括思想品德、语文、数学、外语、科学（或物理、化学、生物）、历史与社会（或历史、地理）、体育与健康、艺术（或音乐、美术）以及综合实践活动。"因而，这些课程由不同教师教授，其结果是有不少任课教师成为班级中影响学生发展的教育力量。

2.家长

家庭与学校的紧密关系是建立在学生这个中介的基础之上的。现代教育已经证明，学生的成长不仅仅是在学校发生的，也不仅仅是依靠学校的教育力量就能实现的。不仅家庭影响着学生的发展，而且学校的教育影响往往需要家庭的协助才能发挥积极的作用。学生在班级组织的发展状况，往往也是在其家庭的影响下发生的。

3.社区辅导员

社区教育已经越来越多地进入学校、进入班级，社区影响学校、学校影响社区已经成为教育发展的新趋势。以关心下一代工作委员会成员、法治教育辅导员、居委会（村委会）成员、社区民警等为代表的校外教育辅导员是班级教育的重要力量。他们以榜样的风采、人格的力量、出色的才华、渊博的学识给初中生以生动的教育、激励与鼓舞。

4.学生

班级作为一个学习组织，学生是其管理对象，但学生不仅是管理的对象、教育的对象，也是管理的主体和教育的主体。他们可以是自我管理者与自我教育者。一方面，他们作为个体对自身进行自我管理与自我教育；另一方面，他们作为班级学习组织的成员，可以对其他成员发挥管理与教育作用。

（二）各种班级教育力量的重要性

1.课堂是班级组织的重要存在方式

课堂构成了班级组织生活的主要部分，因而课堂是班级组织的重要存在方式。任课教师通过课堂成为班级组织的教育者和管理者。

课堂生活每天都占据着班级组织生活的主要活动时间，没有高质量的课堂生活，就没有高质量的班级组织生活。而课堂教学活动一般是由任课教师负责组织进行的，因此在开展某一学科教学活动时，班级组织的实际管理者并不是班主任，而是任课教师。但是，这并不意味着班主任管理和教育责任的全部转移，而是对班主任的班级管理提出了更高的要求。班主任在接受任课教师参与班级组织的管理和教育的同时，也给自己增加了协调一致的重要任务。每一门学科的课堂教学都影响着班级组织生活，班级组织生活同样也给各学科的课堂教学以深刻的影响。

2.家庭是影响班级组织生活的要素

学生带着他们家庭生活的印记在班级中生活，从而把家庭的影响带到班级组织生活中来。

学生在学校、在班级习得的生活方式，是有价值的生活方式，而这种生活方式的习得就意味着学生的发展。如果班级生活向班级外延续、向家庭延续，那么就意味着学生成长的延续、发展的延续。如果家庭生活与学校的班级生活相冲突，那么班级组织必然会受到学生家庭生活方式的影响。

3.社区是学生成长的背景

学生不仅生活在班级，而且生活在家庭，生活在社区。社区对学生的影响是通过社区的环境、氛围，特别是通过社区的重要成员（如上面提到的那些校外辅导员）来施加的。社区的大环境构成了学生生活与成长的大背景，正是在这样的背景之中，作为社区成员的学生受到社区特有的物质的、精神的、自然的、人文的等要素的综合影响。尽管跟家庭相比，社区的影响不那么直接，更多是间接的，但其对学生的影响也是不可低估的。

　　4.班级生活是学生共同的生活

班级组织中的成员并不是孤立地生活在这个组织中，他们在共同的生活中相互影响。从学生相互间积极的影响而言，学生也是促进班级成员发展的教育力量。

班级管理中为什么要让学生成为自我管理者与自我教育者？因为这是班级组织建设的目标所在，也是班级组织成员形成共同生活方式的需要。这种共同生活方式不能从外部加之于班级，而是属于班级自己的。如果班级成员形成了一种占主导地位的生活方式，并成为全体成员的主要参照，那么班级成员就会自觉遵循这样一种生活方式。而班级管理活动始终追求的也正是组织建设的这一目标。一般来说，成功的班级管理有一个共同的特征，就是最终达到"不管"而"管"。这时，班级组织的生活方式已经成为全体班级成员共同的自觉的生活方式。对于班级来说，班主任的在场与否已经不重要了。

二、校园内教育力量的整合

班主任是班级的领导者、管理者，但班级的管理者不只是班主任一人，而是一个管理团体。这个团体包括班主任与任课教师。班主任不仅直接领导与管理整个班级，而且通过对班级管理团队的协调进行班级管理。班主任与任课教师的协调是管理者之间的协调。

（一）任课教师是班级管理者

课堂是班级组织的存在方式，课堂是任课教师直接管理的对象，任课教师在课堂上就是班级组织的直接管理者。班主任通过任课教师对课堂进行间接管理。

　　1.课堂教学同时也是课堂管理的过程

课堂教学不仅是知识传授、技能训练的过程，同时也是管理的过程，任课教师不仅是知识的传授者，同时也是管理者。

课堂教学是一种有组织的活动，它是在组织成员的相互作用中实现的。教学目标的实现跟课堂组织相关。任课教师是课堂组织的领导者、管理者，任课教师的不同领导作风，如民主型、专制型、放任型，对课堂教学会产生不同的影响。

2.任课教师是班级组织管理团体的成员

课堂教学是班级生活的重要形式，班级管理目标的实现与课堂教学联系在一起。班集体目标的核心是促进学生成功的课堂学习，由此课堂管理既是班集体建设的过程，也是班集体形成的体现。任课教师对课堂的管理也就是对班集体建设的参与。

课堂教学是班级日常管理的重要内容。班主任不能对每一堂课进行管理，而是通过任课教师完成班级日常管理的一部分工作。任课教师在课堂教学中也参与了班级的日常管理。任课教师是班主任进行班级管理的重要合作者。

（二）班主任协调任课教师的任务

班主任要想通过任课教师管理好课堂，就要协调与任课教师的关系。其主要任务是：了解任课教师的课堂管理情况，协调任课教师实施课堂管理，为任课教师课堂管理提供支持。

班主任在班级管理中与任课教师的协调，不只是任课教师对班主任管理工作的支持，也是班主任对任课教师工作的支持，这是一种管理上的双赢。搞好课堂管理是任课教师的直接责任，也是班主任的管理责任。支持任课教师搞好课堂管理就是进行班级管理。任课教师的课堂管理也是整个班级管理的组成部分。

1.了解任课教师课堂管理情况

由于班主任一般只从事一门学科的教学，所以对班主任来说，课堂教学管理往往是间接管理，要进行间接管理，班主任就需要了解任课教师课堂管理的状况，以完成间接管理的任务。

2.协调任课教师实施课堂管理

任课教师对课堂的管理要服从于一定的教学目标，但这种课堂管理目标与班级管理的整体目标是一致的。班主任在规划班级整体管理工作时，必须将课堂教学管理纳入整个班级管理活动中统筹安排。由于班主任对课堂管理的间接性，他（她）必须借助于任课教师来实施，加之任课教师的工作视野往往在其教学目标上，所以班主任必须通过对任课教师的课堂管理进行协调来实现班级管理的整体目标。

3.为任课教师课堂管理提供支持

任课教师是课堂教学的直接管理者，其管理虽然需要班主任的指导，但这种管理并不只是按班主任的指令进行。为课堂教学提供良好的组织条件，提供优化的教学环境，是班级管理的重要目标。而各门课程的课堂管理是相互联系的，某一门课程的课堂管理质量如何，与整个班级的管理状态密切相关，与其他课程管理情况相关。任课教师的课堂管理需要得到相关班级管理活动的支持，尤其是班主任的支持。

（三）班主任协调任课教师进行课堂管理的方式

1.班主任与任课教师的协调会商

有的学校以制度的形式规定了班主任与任课教师的协调会商方式，赋予班主任相应的组织领导权。班主任可以通过这种协调会商的方式对班级管理者团体实施指导与管理。没有明确这种制度的学校，班主任应该主动牵头，组织所有任课教师共同参与协调会商。

（1）目的与作用

协调会商的目的是协调班主任与任课教师的班级管理行为，确保班级管理目标的实现。协调会商的作用包括统一班级管理者的教育理念，互通班级管理工作信息，相互提供支持。

（2）时间与内容

一般在新学年或新学期任课教师发生变化时，由新任班主任召集任课教师共同协商，建立相关协调会商制度，明确定期举行的时间和需要解决的主要问题等。一般可一个月召开一次，特殊情况可临时召集。班主任要事先做好准备，提前告知任课教师开会的时间、地点和议题。

会议的主要内容包括：互通班级管理的实施情况；提出班级管理中需要共同解决的问题；商定解决问题的方法。

2.班主任与任课教师的个别合作

（1）班主任与任课教师个别合作的必要性

班主任与任课教师合作实施课堂管理，不仅有整体的协调，还有个别的协调。从班级整体管理来看，课堂管理是在班主任与每一位任课教师的合作中实现的。由于任课教师是各自独立实施课堂教学、进行课堂管理的，他们往往只关注自己课堂教学目标的实现。但这一目标只有与具体的班级环境相一致时才能实现，而这种优化的教学环境源于班级管理的全局。如果班主任听任任课教师独自开展课堂管理，而不与之密切合作搞好课堂管理，那么班级管理的整体目标很难一以贯之，缺少班级管理全局指导下的课堂管理也很难取得良好效果。由此，班主任必须跟每一位任课教师合作才能实现整个班级的管理目标，并保证任课教师实现其课堂教学目标。

（2）班主任与任课教师个别合作的方式

班主任与任课教师个别合作进行课堂管理的方式有以下两种：

①管理思想的指导

在班级管理实际活动中，任课教师也会与班主任发生联系，有些任课教师在学生严重影响了课堂纪律时，会请求班主任帮助其管理课堂。任课教师遇到棘手的课堂纪律问题，固然需要班主任的帮助，但是这些问题，可能是任课教师不正确的课堂管理思想导致的，也有可能是学生的发展要求得不到满足导致的。班主任应该与任课教师一起端正管理思想，搞好课堂管理。

②管理方法的指导

对任课班级情况的深入了解与掌握正确的课堂管理方法是任课教师成功进行课堂管理的必要条件。班主任应在这两方面给任课教师以指导。第一，帮助任课教师了解班级情况。班主任应帮助任课教师了解学生的个性特征与班级群体的行为特征，尤其是一些个性独特的学生，更应该深入了解，以便任课教师提高课堂管理效率，更有针对性地实施课堂管理。第二，给予课堂管理方法的指导。班主任对任课教师课堂管理方法的指导，是一种为了实现班级整体管理目标的平等合作的指导。有的任课教师不能正确理解学生课堂行为，往往会以"告状"的方式句班主任反映情况，把学生影响课堂教学目标实现的行为简单归因于学生的行为偏差。这时，班主任应帮助任课教师仔细分析出现问题的学生的行为，从学生的心理需要和动机角度说明学生问题行为发生的原因，对症下药，解决问题。

三、学校与家庭教育力量的整合

家长是班主任进行班级管理的助手。初中生一方面需要班级生活的熏陶，另一方面特别需要成年人的规范引导（尤其是家长）。良好的家庭教育对他们的学校生活乃至终身发展都会产生深刻的影响。

（一）让家长成为班级管理的助手

学生的家庭生活对他们的班级生活发生着影响，得到家庭生活支持的班级生活的行为方式会支持班主任的班级管理。因此，家长可以作为班主任班级管理的助手。班主任与家长的协调就是让家长成为班主任进行班级管理的助手。

学生在班级组织中习得的良好行为方式，不仅在班级生活中具有实践意义，而且在班级之外、学校之外同样具有实践意义。如果这种行为方式在社会上、在家庭里得到支持，那么将会强化其正向效应；反之，则会引发冲突。因此，班级管理必须向班级外延伸，向家庭延伸，班主任要努力使班级管理的要求跟家庭生活的要求相一致。

每个家庭的管理是不一样的。班主任要使班级管理向家庭延伸，就必须依靠家长。这里最重要的是如何让家长认可、支持孩子在班级习得的良好行为方式。

人们常说"父母是孩子的第一个老师"，家长对孩子的身心发展及其行为有着很大的影响。但是"第一个老师"与"第一个好老师"是不一样的。家长协助班主任的班级管理，就是参与班级对孩子的教育。这种教育只有在与班级教育管理协调一致时，才能发挥其积极的作用。

（二）对家长进行家庭教育指导的途径与方法

班主任对家长进行家庭教育指导的途径与方法主要有举办家长学校、召开家长会、进行家访和接待家长来访。

1.家长学校

家长学校是对家长进行教育的重要形式。多年的实践使家长学校日趋规范并得到发展。一些地方教育主管部门还对家长学校的性质和任务作出了明确的规定。

（1）家长学校的性质

家长学校是在教育行政部门的组织下，以中小学校为创办主体，由家长委员会负责，吸收中小学生家长参加的一种指导家庭教育的群众性业余教育组织；是普及家庭教育知识的有效渠道；是中小学指导家庭教育工作、帮助家长树立正确的教子观念、掌握科学的教育方法、提高家庭教育水平的较好形式。家长学校是学校教育、家庭教育、社会教育相结合，共育"四有"新人的载体和重要阵地。

（2）家长学校的任务

家长学校的任务包括向家长宣讲家庭教育的重要性及国家颁布的有关法律，党和国家关于家庭教育的方针政策，上级有关部门对家教工作的法规和指示；向家长宣讲党的教育方针、政策、法规和学校各项教育、教学计划，使家长有针对性地配合学校共同创设良好的教育氛围，促进学生全面、和谐发展　指导家长提高自身素质，用高尚的人格、良好的言行为孩子做表率；引导家长重视家庭美德修养，创设良好的育人环境；根据学生不同成长阶段的生理、心理特点，以及国家对青少年学生的成长要求，系统地向家长介绍教育子女的理论和方法；帮助家长树立正确的教育思想，使家长不仅重视子女的智力培养，而且重视子女非智力因素的开发。

（3）班主任在家长学校中的作用

①班主任参与家长学校活动计划的制订

家长学校是有针对性地对家长进行家庭教育指导的学校。这种指导具有鲜明的针对性，着眼于本校开展家庭教育中的普遍性问题。班主任最了解本班家长的家庭教育情况，各班班主任汇集起来就能够了解全校学生家长的基本情况。只有在深入了解本校家庭普遍情况的基础上，才有可能办好家长学校，才有可能开展有针对性的家长教育。

②班主任以班级为单位主持家长学校活动

家长学校有时可以集中开展全校性的活动，但以班级为单位开展活动，才更有针对性、更富有成效。在家长学校的活动中，班主任不能把家长学校的活动当作解决班级具体问题的活动，而应该有针对性地对家长开展一般家庭教育素养培养活动。

2.家长会

家长会是中小学在长期的教育实践活动中形成的班级教育与家庭教育相联系并形成教育合力的方式。班主任、任课教师和全班学生家长可以在家长会上一起交流班级教育情况和家庭中有关教育信息，增进教育共识。家长会是班主任与家长群体进行交流的方式。

（1）家长会的优点

①经济

家长会可以集中交流，在有限的时间里获得最大的信息量。

②多向交流

除了班主任与家长交流以外，家长之间也可以相互交流，相互学习，借鉴家庭教育经验。

（2）召开家长会应该注意的问题

①以促进学生健康发展为目的

家长会固然应该把学生某一阶段的学习、生活情况较全面地反映给家长，以获得家长对班级教育工作的帮助，但家长会的出发点应该是学生的健康成长，而不仅仅是班主任工作的需要，因为班主任的工作说到底是为学生发展服务的，切不可把家长会开成告状会、训斥会、讽刺会、诉苦会等。班主任召开家长会不仅要坚持正确的出发点，而且要坚持动机与效果的统一，每一次会议都要有相应的收获。

②平等对待家长

班主任与家长应该是平等的交流者、对话者，班主任要尊重家长、善待家长，千万不能把自己放到一个不适当的位置，把家长看成自己的教育对象，把一些学生的不当行为统统归咎于家长。

（3）召开家长会的方法

①按学期整体规划

家长会应根据学期的班级管理任务，作好计划，一般每学期召开 3 次家长会为宜。学期初召开家长会的主要目的是帮助家长明确一学期的教育任务；学期中召开家长会的主要目的是反馈学生半个学期的情况，与家长交流，及时纠正问题；学期末召开家长会的主要目的是反馈一学期班级教育工作情况，总结交流，以便新学期获得新发展。如有特殊需要，也可临时召开家长会。

②充分准备

每次召开家长会，班主任都要事先做好计划，其内容包括会议目的、主要任务、会议议程、会议形式。班主任要按计划做好充分准备，使家长会更有成效。

③创新形式

家长会要防止班主任与任课教师一讲到底、家长一听到底的倾向。要让家长主动参与到班级管理中来，参与到对孩子的教育中来。

④做好记录

家长会的记录内容一般包括会议时间、地点、主题、家长到会情况、会议议程、会议过程等。做好记录的目的一是记录家长反映的情况和意见，以便进一步有针对性地开展工作；二是记录可用作分析与反思的材料，以不断改进家长教育工作。家长会记录和家长会计划要及时装订，作为班级管理的文档完整保存。

3.家访

家访是班级管理者与家长交流的重要方式，也是协调班级教育力量的好方法。但是近年来，由于各方面原因的限制，班主任家访有弱化的倾向。要成功地进行班级管理，班主任应该坚持家访。

（1）家访的性质

家访是班主任与学生个别家庭进行沟通交流，以协调班级与家庭教育的一种方式。

（2）家访的特点与优点

家访的特点在于班主任面对单一的家庭进行教育协调。家访的优点在于可以深入地掌握每一个学生的家庭教育情况，班主任与家长的沟通交流是个别化的，更有针对性，也可能更深入。

（3）家访应注意的问题

首先，家访的根本目的是班主任与家长沟通交流信息，为每一个学生的发展创造优化的家庭与班级合作的条件，要防止班主任把家访当作求助于家长的手段。其次，家访作为班主任与家庭联系的重要方法，对于每一个学生都是必要的。班主任应该了解每一个学生的家庭情况，了解每一个学生的独特个性，以便有针对性地开展工作。最后，家访应纳入整个班级管理计划，有计划地进行。

（4）家访的实施

①制订家访计划

刚接手班级的班主任家访前应该事先计划，争取在较短的时间里完成对每一个学生的家访任务，以便更好地进行班级管理；已经接手班级一段时间的班主任家访前也要认真计划，突出重点，有针对性地开展工作。

②预先告知全班

家访要取得好的效果，学生对家访的态度和感受很重要，应该让学生持欢迎态度，把教师家访看作对自己的关心，甚至是"自己人"的行为，这样家访就容易收到好效果。如果学生把家访看作对自己的"威胁"，那么肯定不会欢迎教师的家访，甚至产生抵触情绪，即使班主任家访从主观到客观可能都没有伤害学生，但也难以收到好的效果。

③告知学生及家长

班主任在对每一个学生进行家访前，应该提前告知该学生，并与家长取得联系，约定时间，以保证家访的顺利进行。

④拟好访谈题目

班主任应根据家访目的，事先拟好访谈题目，以免面谈时脱离中心，不知说什么而耽误时间。

⑤做好家访记录

家访记录一般包括访问对象、访问者、访问时间、家访目的、学生自身情况、家庭基本信息、谈话内容及问题行为的转变措施等。

⑥守时、守信，注意访谈方式

班主任应该严格履行跟家长的预先约定，准时家访；跟家长沟通交流信息时，要尊重家长，坚持实事求是。

（5）家访的变式

从现代社会的快节奏来说，家访的确很费时，并且难以约定。因此，必要时班主任也可采用现代信息技术与家长沟通交流。除采用家校联系本、书信等方式外，班主任可以用电话访问、电子邮件交流，还可发短信、网上交流等。电话访问也应事先通过学生与家长约定，以保证准时交流。班主任可以公布自己的电子邮箱，便于跟家长交流，有条件的还可建立自己的网页。

4.家长来访

家长来访也是班主任与家长联系的一种方式。家长来访一般有两种情况：一是班主任主动约请家长来访，二是家长主动来访。随着家长对子女教育的重视，家长主动来访的情况会逐渐增加。

（1）班主任主动约请家长来访

①特点

这类来访往往是在班主任与家长正常交流不能实现完全沟通的情况下进行的，常常是针对学生的特殊问题而约请的。

②应注意的问题

一是非特殊情况不约，二是要理智、冷静、恳切地与家长交流信息，三是努力形成班主任与家长的有效合作。

（2）家长主动来访

①特点

主动来访的家长往往非常重视子女教育，希望得到班主任的特殊帮助。

②应注意的问题

一是家长主动来访可能比较随意，班主任要热情接待，不能因打乱自己的工作秩序而闹情绪，以致影响相互交流。二是家长主动来访可能有较大的功利性，班主任应正确指导家长的行为，对其不合理的要求以正确而又妥帖的方式回绝，对送礼者应坚决拒绝。

四、学校与社区教育力量的整合

初中生在班级的行为不仅受到学校、班级、家庭教育的影响，还会受到所在社区的影响。班主任要有效地管理班级学生的行为还需要社区教育力量的配合和参与。

（一）社区教育力量的组成

学生的社区生活背景对他们的班级生活具有重要影响，班主任应努力协调社区教育力量，支持班级管理。以关心下一代工作委员会成员、法治教育辅导员、居委会（村委会）成员、社区民警等为代表的校外教育辅导员是班主任实施班级管理的特殊教育力量。

（二）班主任协调社区教育力量的途径

1.社区辅导员的聘请与协调

社区辅导员是社区内能给学生提供积极引导并热心帮助学校教育的业余教育者。他们的任务是配合学校、家庭共同创设良好的社区成长环境；在有时间的情况下，来学校以授课、讲座、座谈等形式对学生进行人生观、价值观的教育；配合学校做好一些行为不良学生的教育转化工作。

社区辅导员的聘请一般由学校组织实施，班主任也可以组织。班级聘请的社区辅导员最好是学生家长。因为学生家长对班级的情况相对熟悉，可以更好地参与班级事务建设，而且也热心于本班的班级建设。

社区辅导员的聘请一定要让班级全体成员参与，使其与班级学生产生亲近感，便于日后沟通。

社区辅导员一旦聘任，班主任要及时协调组织开展活动。班主任要联系这些社区辅导员制订活动计划，计划里一定要把每次组织活动的时间、地点等具体情况一一说明。活动开展地点可以在教室，也可以在社区。班主任还要及时把班级的情况提供给社区辅导员，便于社区辅导员及时了解班级的情况，并和班主任一起确定活动内容。

2.社区实践活动的组织

班主任根据学校必修课程综合实践活动的实施要求，在研究性学习、社区服务、社会实践等方面与学校、社区共同商量、组织开展一些社区实践活动。在城市，班主任可以组织一些关于当地文化古迹的寻访、饮用水质量考察、市民公共秩序遵守情况调查等活动。在农村，班主任可以结合当地情况，组织学生调研当地农业的发展、农村产业结构调整等。

第五章 初中班主任工作的基本策略

第一节 初中班主任的常规教育方法及运用

一、说理教育法

说理是初中班主任向学生讲清道理，以帮助学生分析问题、认识问题，提高学生的思想道德辨析能力，从而推动他们不断成长。说理教育法是指初中班主任通过摆事实、讲道理，使学生提高认识、明辨是非、形成正确观点的一种方法。说理教育法是初中班主任常用的方法。

说理教育法强调对学生的正面教育，提高学生的认识水平。因此，初中班主任在使用该方法时要注意启发学生的自觉意识，既要注意对学生的疏通和引导，更要让学生有充分发表自己的意见和看法的机会，从而把学生不正确的看法引导到正确的方向上来。

（一）说理教育法的常用方式

1.口头说理

（1）谈话

谈话是初中班主任针对学生的思想实际，就某一问题与之交换意见，并对其进行教育的一种方式。谈话的针对性较强，便于师生之间交流思想感情，促进师生互相了解。

（2）讨论或辩论

在初中班主任的指导下，由全班或小组成员围绕某个中心话题各抒己见、相互学习，经过充分的讨论和争辩，最后得出正确结论，以提高认识水平。

（3）报告或讲演

报告或讲演是一种比较系统地向学生论述、论证、分析某个问题的方式。其特点在于涉及的问题比较深，可以开阔学生的视野、激励情感、活跃思维。

2.阅读说理

阅读说理指的是在初中班主任的指导下，学生通过阅读书籍、报刊等来提高思想觉悟。这一说理方式可以补充口头说理的不足，可与讲解、讲述、报告、谈话等方式相结合进行。

3.现场说理

（1）参观

参观是根据初中班主任工作任务的实际需要，组织学生到实地进行观察和研究的一种方式，如参观工厂、先进单位、博物馆、展览会等。这种方法易于操作，是比较简单、常用的一种现场说理方式。

（2）访问

访问是初中生结合某一具体任务或研究课题，走访有关的典型对象以丰富自己的感性认识和情感体验的一种方式，如走访劳动模范、战斗英雄、科学家等。

（3）调查

调查是初中生有目的、有计划地获取一些足以说明某些问题的第一手资料，以验证和加深思想认识的一种方式。

（二）提高初中班主任说理效果的途径

1.提高认识水平

加强学习、提高自身的认识水平可以增强班主任的个人魅力，增加可信度，使学生易于接受，说理效果自然会比较理想。另外，初中班主任自身认识水平的提高有助于其说理"言之有理""言之有据"。

2.强化角色意识

学生和初中班主任在年龄上的差距和经历上的不同导致他们拥有不同的经验体系，因此在思考问题、处理问题时，其角度、深度以及效果都不同。这就要求初中班主任在说理准备时，从与学生共同的经验范围入手，把学生的思路作为信息传递的切入点，进而引导学生进一步思考，拓展其思路，达到说理的目的。

3.营造良好的氛围

不同的说理空间隐含不同的信息，进而产生一定的心理暗示。说理空间的错误选择往往会影响说理的效果。例如，选择办公室和学生说理，学生接收到的隐含信息可能是自己会受到教师的批评；而选择学生宿舍和学生说理，则隐含教师关怀其生活的含义。因此，班主任可以根据自己希望产生的效果和说理的内容营造适当的氛围。

4.多种方式并用

班主任除了使用口头语言说理外，还可以尝试其他的交流方式。例如，一些班级建立了班主任信箱，班主任使用书面语言对一些不适合当面说的内容或者是带有个别性的问题进行分析。

5.监控说理效果

对说理效果的监控表现在对学生行为的观察上，如观察学生有没有接受初中班主任的观点，最终行为是否按班主任的要求发生了改变等。在此基础上，初中班主任可以根据具体情况调整说理的角度、说理的方式与说理的内容，进一步强化说理的效果。

二、榜样示范法

榜样示范是指以榜样的人格力量、非凡成就等引发学生在感情上的共鸣，给学生以鼓舞、教育、鞭策，激起学生模仿和追赶的愿望。

榜样的类型包括三种：学生干部及优秀学生的榜样示范、班主任的榜样示范、社会先进典型人物的榜样示范。在使用这一激励方式时，通常采用的榜样呈现方式有两类：一类是现身说法，即让榜样人物当场演练或做事迹报告；另一类是传媒演示，即通过图片、幻灯片、录像、录音、影视以及文字材料等传播媒介来展示榜样。在进行榜样展示时，班主任一定要让学生认识到，榜样的行为可能呈现出多元取向，有其不完美的一面。在教育过程中，班主任既不能有意识地遮掩其缺点，进行片面性宣传；也不能盯住其缺点不放，忽视榜样先进性的一面。

三、肯定激励法

激励是指初中班主任激发学生的动机和内在动力，鼓励学生朝着所期望的目标采取行动的心理过程。激励手段的运用，使学生的行为改变不是出于外在的强制，而是一种自觉自愿的行为。当代初中班主任工作的一个明显的特点就是重视激励在班级建设中的作用，努力通过激励的手段把班级目标变成学生个人的目标。但是，没有任何一种激励方式是对所有人都有同样价值和同样效力的。初中班主任必须根据不同的对象，灵活地采取不同的激励方式，把握不同的激励力度。在具体的管理活动中采取何种激励方式，取决于班主任和班级、学生的特征，下面介绍激励的几种基本类型。

（一）责任激励

让学生承担责任、参与班级建设，对于提高班级成员的士气、改善心理氛围、密切学生间的关系、提高学习与工作效率，有着十分重要的激励作用。例如，初中班主任根据学生的实际情况，把班级事务的管理分给每一位学生，并明确奖励方式。实践证明，这种方式是非常有效的。

（二）奖罚激励

奖励和惩罚是班主任工作中最常用、最重要的手段，主要用于学生的特殊行为，从本质上讲，奖励和惩罚都是对学生的激励，这里只介绍两种奖励形式：

1.物质奖励

物质奖励就是将一个学生的实际表现和物质直观对接，包括给予奖品、奖学金等。

2.精神奖励

精神奖励包括微笑、拥抱、鼓掌、拍肩、口头表扬等。

（三）荣誉激励

荣誉激励是对在学习与工作中取得优异成绩、为班级作出较大贡献的学生给予认定，给予相应的荣誉，以此来调动全班同学的积极性，促进班级目标的实现。

1.集体荣誉激励

集体荣誉激励的参评对象为管理小组、团小组，荣誉名称有先进管理小组、先进团小组等。

2.个人荣誉激励

个人荣誉激励的参评对象是学生个人，荣誉名称可以为勤奋奖、好人好事奖、卫生模范奖、优秀组织奖、快速进步奖等。

（四）情感激励

初中班主任要善于运用恰当的情感表达方式，体现对学生的尊重、信任、支持、帮助和关怀，起到情感激励作用。初中班主任要全面了解学生的世界观、人生观、价值观、性格、道德修养、爱好与特长、愿望与追求、家庭状况等，把握学生的思想动向和感情基础，抓住学生最敏感的神经，及时拨动情感的琴弦。

（五）目标激励

目标激励就是初中班主任吸引学生去努力实现某一目标来进行激励的模式。初中班主任确立的目标要因人而异，不能太高，也不能太低，这样才能对学生有吸引力。初中班主任一般常用的是成就目标激励。成就目标有很多，大的如考上名校、竞赛获奖、争当三好学生，小的如争取习作发表、小制作参展、在晚会上演出、展出书画作品等。对学生取得的每一点成绩，初中班主任都要给予充分的肯定和鼓励。

（六）竞赛激励

初中生一般都争强好胜，因此初中班主任可通过组织各种有益的竞赛活动，鼓励学生积极进取、努力上进，培养学生的竞争意识、集体观念等。竞赛的形式可以多种多样，如学习竞赛、体育竞赛、特长展示竞赛等。通过竞赛可以造成一种外在的压力氛围，激励学生你追我赶，有利于学生的快速成长。

四、角色模拟法

角色模拟是指初中班主任通过各种教育形式，引导学生进入不同的情境，担当不同的角色。去表演、感觉、体验、理解角色，从而让学生掌握现代道德观念和行为规范。

（一）角色模拟的方式

角色模拟的方式一般有三种：特殊角色的模拟、社会角色的模拟、历史角色的模拟。

1.特殊角色的模拟

例如，开展"小鬼当家"的模拟活动，实现两代人的心灵沟通；开展"假如我是残疾人"的模拟活动，体验残疾人渴望关心、尊重的情感；开展"假如我是落选者"体验活动，体验战胜挫折、勇于面对失败的心理感受。

2.社会角色的模拟

班主任可以将社会生活场景有选择地引入校园，让学生体验其中的角色，如设立废品收购站、开设行为法庭等，让学生主动进入社会，体验不同岗位的艰辛和欢乐。

3.历史角色的模拟

通过扮演历史角色，可以缩短历史人物与当代学生的时空距离，增强传统美德教育的实效性。

（二）角色模拟活动的步骤

1.选准目标

初中班主任要对角色模拟活动的教育目的、内容、范围做到心中有数。

2.渲染情境

初中班主任在活动现场可运用道具布置特定场景，最大限度地增加真实感。

3.实践操作

实践操作是学生体验角色的重要途径。实践过程中，初中班主任要为学生聘请相应人员做辅导员，指导和带领学生在实际操作中动脑、动手、动口，融多种感受、各种体验于一身。

4.体验交流

初中班主任要引导学生将实践过程中的种种体验内化为个体的一部分，并将这种体验与同学分享交流。

5.提炼升华

初中班主任要依据学生的认知能力，结合他们体验的程度，将普通的情感上升为更高层次的道德认识、道德情感，转化为道德行为。

五、暗示引导法

暗示引导法是指在无对抗的条件下，初中班主任用含蓄、诱导的间接方法对初中生的心理和行为产生影响，从而引导初中生按照一定的方式去行动或接受一定的意见，使其思想、行为与暗示者期望的目标相符合。暗示引导法应用于班级管理中的优势在于它对学生不会产生心理压力，不强求学生接受，但能产生积极的、主动的影响，起到潜移默化的作用。

（一）环境暗示

初中班主任要创设一个美观、朴实、整洁的学习与生活环境，形成活泼、尊师爱生、民主而有纪律的班风。

（二）语言暗示

语言暗示一般包括三种：口头暗示、书面暗示、自我暗示。

（三）行为暗示

初中班主任是否以身作则，是否有自省和调控能力，是否以饱满的热情对待工作，是否具有高尚的人格魅力。对学生来讲，行为暗示有时比语言暗示更有效。例如，面对纸张满地的教室，班主任没有批评学生，而是默默地捡起纸张，给学生语言所不能表达的暗示。

（四）经验暗示

留心学生生活，收集他们的记忆经验，随机唤醒激活并加以放大、集中、强化，往往会生成对学生有着强大的指引、激励和约束作用的力量。例如，学生不爱惜水壶多次摔坏，最后班主任决定暂时不购买新的，让学生体会到由此带来的不便。

（五）印象暗示

初中班主任可以利用印象暗示引导学生向自己期望的方向发展。如果班主任认为学生是一个在某方面非常优异的人，那么学生就会因为要维护自己在老师心中的形象，而克服眼前的挫折，同时积极采纳班主任的建议。

六、契约规束法

契约规束法是指在班级建设中师生通过契约明确各自在人、事、物等方面应承担的权利与义务，进而实现班级建设的目标。契约有两种基本形式：正式契约和非正式契约。正式契约便于操作，这里只介绍正式契约的运用。

正式契约是正式与具体的，对初中班主任与学生的权利、义务关系进行了明确的规定。初中班主任和学生协商后，只要各项条款清楚明确，双方都感到公平合理，签名后契约即可生效。

班级契约不仅规定了学生的权利和义务，也规定了班主任的权利和义务。从学校教育的角度而言，班级契约是一种有尊严的纪律。对于学生来说，纪律往往是由班主任规定的，纪律反映的是班主任对学生行为的期望，却很少对班主任进行同样的约束，违背了公平的原则；还有一点是，传统的纪律仅仅说明了学生的义务，却从不说明学生有哪些权利，不符合民主的精神。以班级契约取代班级纪律对于班级管理具有积极的意义。

正式契约一般包括四个操作阶段：

初始动员阶段：鼓励学生，如果你怎样，教师就如何，以这种方式引发学生的参与兴趣。

运行阶段：学生与教师约定，如果我怎样，希望教师如何；学生竞争约定权，即确定约定对象的名额，提出达标底线，由学生自我表现、自我陈述，通过竞争取得与教师的约定权。

成文阶段：学生在初中班主任的见证下，自己与自己约定，如果我怎样，我可以如何，然后形成文本，请家长做见证人。

操作实施阶段：师生按照契约要求，整体推进契约约定。

在契约的履行中，双方一经约定就要努力遵循。违反契约比没有契约更糟糕，时常违反契约对于师生之间的信任感，以及在班级中的安全感、归属感都会造成很大的破坏。

第二节　初中班主任的常用管理模式及运用

一、突出学生主体的自主管理模式

自主管理模式是指以初中生的自我约束为基础、自我管理为手段、自我评价为途径、自我发展为目的的初中班主任工作模式。它属于自主教育的研究范畴，旨在弘扬学生的主体精神，促进学生的个性和谐发展，努力实现班级管理的自主化、科学化、民主化。

生命科学早已证明，初中生有无穷的生命潜能，一旦突出了学生的主体地位，其成效是不可估量的。

（一）模式建构

制度对人的行为有激励和制约的作用。人是能动和受动的统一体，但能动更能体现人的本质的一面。传统的班级管理的机制建构往往只注重管理目标的制订和各类规范的灌输，缺乏对人的关注，忽视了学生的主体性。班级自主管理反对束缚、强制与灌输，强调通过自主管理机制的新架构，重估学生的生命价值。

一般而言，班级的管理制度有四种状况：一是制度不完备；二是制度完备但不严格执行；三是制度完备且严格执行；四是制度被高度认同且严格执行。不同的制度情况会产生截然不同的结果。因此，理想的学生管理制度就是被高度认同且严格执行的制度，这也是学生自主管理模式的出发点。

1.分解目标，构建体系

"分解目标，构建体系"就是在建立了班级自主管理的总体目标后，再把目标分解，形成逐步递进、易于落实的子目标体系。目标逐步递进的含义有两层：一层是学年教育侧重点呈递进趋势；另一层是每学年的目标分成若干个子目标，月月有主题，呈递进趋势。

初中阶段的教育重点设计如下：初一学年，侧重培养学生当一个合格中学生的理想和动机，重视规范教育和养成教育；培养学生与学校、家庭、社会的适应能力；培养学生的人际交往能力；进行青春期教育；培养学生具备正确的学习态度，养成良好的学习习惯和品质，掌握科学的学习方法。初一学年结束，学生已基本适应了中学生活，完成了由小学到中学的过渡，正在向一个更完善的自我努力。初二学年的教育侧重点在于激发学生超越自我、完善自我、不断奋进的志向和动力。在初一、初二学年教育的基础上，初三学年重在激发学生的成就动机，培养学生社会生活的综合能力，完成升学准备任务。

另外，每一学年、每一学期的教育侧重点、培养目标也要分成若干个子目标，达到月月有主题，周周有目标，随着前一个目标的实现，逐步递进，最后实现学年或学期目标。如初一学年的规范教育，上课的规范、外出活动规范、集会规范等一月一个主题，学期初规划好并告知学生。一周一个目标，如落实课上的规范，周一晨会明确本周目标，宣传动员学生落实，周二班主任和学生干部检查指导，周三学生个人小结落实情况，周四班主任和学生干部检查指导，周五学生全面落实课上的规范。这样月月有主题，周周有目标，最终达到落实规范教育的目的。

2.纵横建制，职能并举

"纵横建制，职能并举"是自主管理形式最直接的外显标志。传统的班级组织结构系统是单向延伸的，要么是"班主任—班干部—小组—学生"，要么是"班主任—班长、团支书—各委员—小组—学生"。在这里，班级最基础的人际组织是小组，而能最大限度发挥小组职能的就是轮流值日搞好卫生。班内事务不是忙坏了班主任，就是忙坏了班干部。而纵横建制则充分利用教室内座次排列横竖成行的特点，力避这一弊端。它既横向（也可以纵向）保留传统的值日组，又纵向（也可以横向）根据每位同学的兴趣、爱好、特长列出"班委组""学习组""体育组""宣传组""劳卫组""团队组""文艺组"等专职服务组。

3.双线管理，网络健全

实行双线管理，即常务班委管理班级和值周班委管理班级。

常务班委管理体制，即班委会设常务班长1名，负责班级所有事务，指导值周班长开展工作（具体指导操作由各委员实施）；设学习委员、纪律委员、体育委员、劳卫委员、安全保卫委员、文艺委员、生活委员、宣传委员（由团支部宣传委员兼任）各1名，主要负责班级的日常学习、量化检评、文体卫生、公物管理、班费支出、评先树优、对外宣传等工作，并协助、督促、指导值周班长工作。

值周班委管理体制，也就是值周班长制。值周班长制即经民主推选，每6位同学一组自由结合，组成一届班委，负责本周班级的所有事务，其中 1 位同学总负责，其余 5 位同学分工负责班级的学习、体育等日常事务。值周班长负责一周的班级管理工作，一天当中大大小小的班级事务都由值周班长负责，并做好值周班长记录，写出心得体会。值周班长也是当周的班主任助理，班主任不在时，值周班长可代其参加学校召集有关班级管理的会议（常务班长也可）。

两套管理体制同时运营，但最终评估标准不一样，又促使常务班委和值周班委展开竞争，干好各自负责的工作。

两套管理体制同时运营，建立起了完善的班级管理网络，有主有次，各有分工、各司其职，互相配合、互相竞争，不但使每位同学都有机会施展自己的才能，而且使班级工作得以创造性开展。

4.团队带头，组织引导

团支部（未建团支部的班级建立少先队组织）是班集体的核心之一，团干部是班级中的核心力量，对班级有着巨大的号召力和凝聚力。一个班级的管理工作能否顺利开展，在相当程度上取决于团支部、团干部的作用和能力的强弱。团支部作为学校共青团的基层组织，是由在校学生中的先进典型组成的群众组织，具有先进性。班级管理应充分发挥团支部的组织作用，做好同学们的思想工作，带动全体同学参与班级管理。

班内设立"团员之家园地"和"班主任信箱"。"团员之家园地"用来宣传有关政策法规、先进理论，及时表扬优秀团员等，做好舆论导向。同学有什么困惑或不解的问题，可以向"班主任信箱"投稿，由团支部予以解答。

5.专项承包，责任具体

专项承包是指除常务班委管理班级和值周班委管理班级外，又分公物（黑板、投影仪等）、行为（化妆、说脏话等）、思想（谁最近情绪不高、谁和谁闹矛盾等）三方面，让每位同学承包其中的一项来管理班级，规定每位承包者的职责范围，并逐渐完善起一套规章制度，如《日常行为专项检查承包分工》《公共物品承包者及职责范围》等，完善检查监督体系，做到班里没有没人管的事，班里没有不管事的人。

如此角色分明的专项承包管理，使班集体的每一位成员都成了管理者，同时又都是检查监督者，每位学生在管理、监督别人的同时，也受到别人的管理、监督。班级的每位同学每一天都有机会充分展示自己，实现自我的满足感，而自我实现或创造潜能的发挥本身就是奖赏，激励学生不断发展。与此同时，学生身上的不足也体现了出来，积极上进的学生便会想办法完善自己，从而发自内心地以主体的身份创新发展，重新塑造崭新的自我。

6.合作竞争，自我加压

每个人都生存在一个群体当中，并需要相互交往，只有在共同协作的基础上，善于创新，才能创造出优秀的业绩来，班级和学生也是这样。每个人的深造和发展都离不开别人的协作，没有协作就没有个人的发展。在班集体中，学生的意见、思想相对统一，但每个人的个性、价值取向等又是不同的。班主任有必要在强调人人平等、服从集体利益的前提下，培养学生的合作精神，使其学会与人共处，学会表达、讨论、交流的技能。

教师的作用已随着社会经济和信息技术的急速发展而有了重大变化，"教为不教"将更具现实意义。也就是说，要让学生学会竞争，在竞争中具备实力。

在大多数情况下，不少学生口头上表示愿意为改变自己而作出深入的自我剖析，然而他的行为却往往与自己的意愿大相径庭。改变自我是一件很难的事，但如果有了同学的真诚协助，有了同学竞争的压力，他就会自觉不自觉地去改变自己。

这些都要求培养学生的合作与竞争精神，让学生在合作与竞争中快速成长。

7.自我分析，追求卓越

自我分析的具体做法是：学生在取得进步时、犯错或失误时、对自身与外界的某一问题或现象感到不解时，要写自我分析书，每逢周末、月末、学期末、学年末也要写自我分析书。在取得进步时，学生要在分析书中写明进步的体现（获奖记录或语言表述的进步体现）、坚持这样做的收获、进步原因和存在的不足，并制订今后的努力方向。在犯错或失误时，学生要写明犯了什么错、犯错原因、长期这样做的影响、改正措施，并确定今后的努力方向。在对自身与外界的某一问题或现象感到不解或困惑需要帮助时，学生要分析自己现在的心理状况、自己感到困惑或不解的问题与现象，以及需要同学、家长和班主任做点什么。每周末、月末、学期末和学年末，学生要写阶段性自我总结，从思想、学习、特长发展等方面及时分析，既要看到自己的进步成长，又要分析出现在的不足，并明确今后的努力方向、实施措施，以不断完善自己。自我分析书根据实际情况可长可短。分析书写好后，学生应交班主任签署建议，然后自己存档，以便日后借鉴应用。

让学生写自我分析书能够增强教育的针对性和实效性，发展学生的个性，让学生在阶段性、及时性的自我分析中，发现自己的心灵所需，认识自我，看到自己的不足与长处，扬长避短，不断创新发展，补充完善自己。

（二）模式应用的注意事项

要取得班级管理的成效，就必须发挥学生自主管理的积极性与创造性，如此，既符合培养学生综合素质的教育宗旨，也有利于将班主任从繁杂的班级琐事中解放出来，成为班级的宏观管理者。班主任在应用自主管理模式时应注意以下四点。

1.自主管理不等于放手管理

有些班主任认为，学生的自主管理就是放手让学生管理，让学生成为班级管理的主导。实际上，实施自主管理时，班主任"放手"让学生自主管理的程度是由学生的自主管理水平决定的。学生自主性、主体性的发挥是一个不断提高的过程，班主任应根据学生的不同水平来具体地指导学生的自主管理。

（1）自觉水平

处于自主管理自觉水平的学生能够自觉参与班级管理，机体处于觉醒状态，意识到自觉维护纪律、遵守班级规定、参与班级活动的价值，只是这种自觉还没有付诸行动。此时，班主任在班级自主管理中处于主导地位，乃应活跃在班级自主管理的前台，进一步培养学生的自主管理意识。

在这一水平阶段，一些班主任误认为自主管理就等于放手管理，导致班级管理的秩序混乱，甚至一些常规班级管理工作都无法正常推进。

（2）自理水平

处于自主管理自理水平的学生，不仅意识到自主管理的重要性，还积极行动起来，自觉管理班级的各项事务，但学生还缺乏自律性、协调性，根据这一情况，班主任要着力帮助学生由自主管理意识向自主管理行为转化，深化自主管理意识。

在这一水平阶段，一些班主任误认为自主管理就等于放手管理，不科学、合理地设计、分配管理者的角色和责任，也没有向学生提出管理目标、时间、质量、数量上的要求，导致班级管理的局面不稳定，班级管理效果时好时坏。

（3）自为水平

处于自主管理自为水平的学生，能够自主地支配、调节自己的管理行为，以适度的方式实现自己选择的目标。尽管学生的自主管理水平较高，能够在自己的能力范围内选择管理目标，完成自主管理活动，但这种管理水平必须加以巩固和不断提升，直到稳定了管理的效益为止。

在这一水平阶段，一些班主任误认为自主管理就等于放手管理，直接退到班级管理的后台，完全放弃了对学生自主管理的创新性指导，长此以往，学生的自主管理水平便会慢慢下降，班级管理效益也会逐步降低。

总之，在不同的管理水平阶段，班主任仍需发挥其管理作用，那种误认为自主管理就是放手管理的观点是极其错误的。

2.自主管理不等于事务的自主管理

在班级自主管理的推进中，一些班主任认为，班级的卫生、劳动等事务性的管理内容可以进行自主管理，而价值观教育等班级管理内容却不可以进行自主管理，这实际上就是把自主管理等同于事务的自主管理。

分析当前班级管理各职能管理小组的组成工作开展的情况可以发现，纪律、卫生、劳动等工作的开展是班级自主管理的重要组成部分，是班级自主管理生活正常运转的保障，但这并不是班级自主管理的根本目的所在。

3.自主管理不等于提高效率的管理

将自主管理运用到班级管理中，确立了学生在管理中的主导地位和主导作用，解决了以往班级管理中学生是被动客体的僵局，提高了班级管理的效率。由此，一些班主任认为，自主管理就是重视人、关心人，调动管理的积极性，从而提高班级管理的效率。这种认识把自主管理当成是实现管理功利目标的手段。

但班级管理不同于企业的管理，班级管理要围绕学校的整体教育目标运作，它除了倡导以人为本的管理理念，提高参与者的管理积极性，提高管理效益外，还以谋求人的全面、自由发展为终极目的。自主管理通过学生在管理中的自主设计、自主选择、自主控制、自主调节，让学生在管理中得到锻炼、提高、发展。

把自主管理等同于提高效率的管理的认识，忽视了自主管理是一种以学生的发展为本的管理模式。

4.自主管理不等于部分人的自主管理

学生的认知能力和实践能力不是先天具备的，而是后天形成的，只有遵循学生的身心发展特点和教育规律，把各种教育融入教育活动，作用于学生的大脑和心灵，才能逐渐培养和形成学生的认知能力、实践能力、创新精神。有些班主任忽视了这一点，认为学生的先天资质和现有水平参差不齐，因此自主管理只适用于那些自主水平较高的学生，自主管理实际上就是部分人的自主管理。

实际上，自主管理理念提倡人人参与班级管理，每个学生都要在班级管理中确定自己的管理岗位。

自主管理倡导放手让学生寻找、发现、确定自己的管理岗位，使学生在自己确定的岗位上，主动、积极地履行自己的管理职责。学生一方面是管理者，一方面又是被管理者，在这种交互的管理活动中，学生真切体验到管理工作的价值、意义，慢慢积累了相关的工作经验，从而积淀人生。

二、价值引导与自主建构统一的量化管理模式

20 世纪 80 年代，量化管理被引入学校，几乎成为科学管理的代名词。量化管理在对学生进行科学评价、奖优罚劣、引导公平良性竞争方面有着极大的优势。现行的班级量化管理是指在制定统一的目标和一定的考核标准的前提下，根据班级的具体情况，在出勤、卫生、纪律、工作、学习等方面制定统一的标准，对学生进行定性、定量考核，作出现时评价，并与学生德育考核挂钩的一种班级管理制度。

（一）模式建构的可能

实践证明，班主任一厢情愿的价值引导或学生盲目的自主建构都是没有效益的，不能保证学生健康地发展。只有班主任的引导和学生的实践结合起来，学生的成长才能得以保证。因此，班级管理是人的活动和为人服务的活动的统一，两者不可分割。

作为引导者的班主任，有其自身的角色优势：班主任制订教育目标和发展方向，班主任具有科学文化知识优势，班主任对受教育者的成长负有道义上的责任。由此而知，班级管理是一种价值引导，一种来自班主任的价值引导。换言之，班级管理是一种蕴含着班主任的价值导向、价值选择和价值预设的引导活动。班主任的价值引导通过教育目标的设定、人才培养规程的设定、教育内容的选择而实现。

学生的自主建构是指学生的精神世界、生活世界是自主地生成建构的，而不是外部力量模塑而成的。人类文化不是外界客体的简单摹本，也不是学生这一生命主体内部预先形成的体系，而是由学生的发展与外部世界的影响不断相互碰撞而逐步建构的。换言之，学生的自主建构内涵应当包括：班主任要关注学生的生活世界，让教育融入学生的现有知识积累系统；教育内容的取舍和教育方式的设定要立足学生的智慧发展水平；班主任要着眼于学生成长内在潜力的挖掘与激发，使学生的学习活动自觉自愿。

单方面否认班主任价值引导的作用，就是否认班主任在班级管理中的角色优势，就是淡化消解班主任的作用，从一定程度上来说就是放弃班主任的责任。而不承认学生的自主建构，班主任的价值引导就会变为强制、灌输；单纯突出学生的自主实践，又把教育看成是仅仅让学生自由成长而不加干预的环境提供，让学生随心所欲地发展。单方面地否认其中一方，突出另一方，都不是真正意义上的班级管理。

只有摒弃了灌输，关注学生的生活世界，正视班主任与学生的价值冲突，实现班主任的价值引导与学生的自主实践相统一的班级管理，才是真正的班级管理。班主任只有做到了这一点，才算是把握住了班级管理的真正意义。

而要把上述阐述统一起来，量化管理是比较理想的载体。初中班主任要把自己的价值引导细化成具体的目标，引导学生成长。

（二）模式建构的阶段

第一阶段：确定量化指标。以学校管理目标为基础制定一系列的规范、标准、制度等，并赋予这些规范、标准、制度中的具体项目一定的分数值，使之数量化。

第二阶段：熟悉量化指标。组织学生学习有关规范、标准、制度，让其成为大家共同努力的目标。

第三阶段：确定量化分数。通过一系列的方式和途径搜集资料，把学生每一天的每一项活动、每一种行为表现等记录下来，并按有关规范、标准给予学生分数，定期通知或张榜公布。

第四阶段：使用量化分数。期末依据分数对学生、班级进行有关评价、考核、奖罚。

（三）模式应用的注意事项

1.制定的量化细则要有一定的弹性

每个学生个体都是独特的，价值观念和行为方式也是千差万别的，因此对于一些具体的、外显的、操作性强的行为可以制定出详细的评分标准，而对于那些不适宜进行精确赋分的项目，应根据学生年级和认识水平的不同，使用较为概括的语言进行表述。这样既利于操作，也给学生的自我约束及调整留有一定的弹性空间。

2.量化赋分应分类实施

学生行为表现的评定不只是简单地加分、减分问题，而是要根据行为的性质进行分类实施，确定每一类行为的合格标准，避免由于混合算分出现分数相抵现象，同时还要根据学生的行为表现给学生提供改正错误行为的机会。

3.增强操作人员的责任心

教师要以一视同仁的态度看待学生的行为表现，特别是对不同类型学生的同一行为表现，其评价尺度一定要统一。对于学生评定人员的遴选一定要慎重，班主任应不定期地进行思想教育，以强化其责任感和公正意识。

4.做好定性分析与定量评定的结合

面对班级量化管理中存在的不足，适当地利用定性分析对学生的行为进行粗略的标定，然后再做好量化考评，或二者结合使用，或有所侧重，可以提高量化管理的效果。

三、突出班主任作用的权威管理模式

对初中班主任工作而言，权威即权力与威信的结合，是一种能改变学生思想行为的影响力。权威用在初中班级建设过程中，常常以极简单的方式运作，有的时候甚至一个字也不需要说，学生就能清楚而迅速地懂得：教师要他干什么，不要他干什么。因此，这种权威管理模式是一种高效率、低成本的管理方式。

（一）模式建构的可能

1.学校赋予初中班主任的权力

一般来说，学校赋予初中班主任的权力主要有组织、教育、管理班级的权力；对学生进行政治思想教育的权力；对学生的学习、生活、纪律等方面进行指导、监督的权力；对学生获奖和处分进行初步确定的权力；对学生品行进行评价的权力；对班集体重大问题的决策权力等。

2.初中班主任的个人威信

威信作为非权力性影响力在初中班主任教育权威中具有决定性作用。初中班主任的威信是其品德修养、管理能力和教育水平的综合体现，是其在教育活动中由于自身的素质在学生心目中所产生的效应。那些品格高尚、知识渊博、能力出众、多才多艺、关心和爱护学生的班主任，能够在实践中逐步赢得学生的信任、敬仰和爱戴，获得崇高的威信。

（二）模式建构

1.班级目标定向

初中班主任要根据本班具体情况，独立地、科学地制订班级发展的目标。

2.班级组织启动

班主任要建立起班级的管理系统，以保证各项工作有条不紊地进行，还要组织开展各种有益的教育活动，以推动整个班集体向前发展。

3.班级日常协调

初中班主任要解决和处理班集体内部的各种摩擦和冲突，协调各种人际关系，创造和谐、良好的环境和氛围，维护班集体的团结和统一。

4.班级日常监控

在班级管理工作中，初中班主任要对各项工作有所监督和调控，随时掌握班级的情况，调整工作方法。

5.班级日常评价

初中班主任要及时、公正、客观地对班内的积极因素和消极因素作出评价，是非分清、奖罚分明，努力在班级创设健康的舆论氛围。

6.班级决策

对班级的重大问题、学生意见分歧较大的问题、突发事件等，初中班主任要善于运用权威，作出正确的决策。

（三）模式应用的注意事项

第一，初中班主任不要滥用权力。滥用权力本质上是对初中班主任权力的误解甚至漠视。班主任所行使的是"教育"的权力，是社会、法律赋予的，是由教育教学规律决定的，把教育上的唤醒、诱导、激发权力误解为控制、支配、占有权力，是对教育、教师职业的误解。

第二，初中班主任不可要求过高、过多，否则会使权威失去可接受性。有的初中班主任求胜心切，一下子制定了很多的规章制度，要求过高、过多、过细，学生逾越一步，便会受到指责、批评乃至处罚。长此以往，学生会觉得班主任在有意地为难他，甚至产生逆反心理。

第六章　初中班主任的成长范式与自我发展

第一节　初中班主任的成长范式

进入 21 世纪后，班主任的职场生活和班主任的专业化发展问题，逐渐成为班主任工作的热点话题。应该说，制约基础教育改革向纵深发展推进的一大瓶颈问题，就是班主任的专业素养不能在短期内有实质性的提高。而在班主任的专业发展研究中，传统的"培养论""学习论"等成长范式日渐显示出其局限性。在这些提高范式中，班主任的素养难以经常性地提升。而立足于班主任的个性化成长意义上的不断走向成熟的"自主发展范式"却日益展现出诱人的前景。教育经验也表明，凡是优秀的班主任无不是带有鲜明个性的自主成长型的班主任。

一、培养提高范式：初中班主任成长的外在支持

培养提高范式是指初中班主任参与各级教育主管部门、学校组织的进修、继续教育等各种业务培训，在培训中不断提高自己的素养，自觉主动地追求作为教育工作者的人生意义与价值的自我超越方式。

（一）培养提高范式的优势与不足

班主任要实现自身的成长，就需要不断地扩展知识储备、提升人生境界、净化心灵、形成生命智慧，成为一个有专业素养的班主任。无疑，培养提高范式可以帮助班主任在短时间内不同程度地提升这些素养。但是，培养提高范式对初中班主任而言，

也有它的缺陷，突出体现在两个方面：一是初中班主任在参与培训时，对于培训内容是无法自主选择的，而是被动接受的，因为培训的组织者已经事先确定好了培训内容，自己想学习的内容组织者不一定考虑到；二是初中班主任参与培训的机会比较少，因为教育主管部门和学校不会经常组织类似的培训。因此，在这一提高范式中，初中班主任的素养难以得到经常性的提升、个性化的提升。

（二）初中班主任对培养提高范式的有效运用

鉴于培养提高范式的优势与不足，初中班主任运用这一范式时，就要取长补短。

1.明确学习基础，确定提高重点

在参与培训前，班主任要分析、总结自己的素养基础与能力现状，明确自己在参与培训时的学习重点，以便科学地确定属于自己的学习目标。在分析、总结后，班主任要科学运用自己的分析结果：一是把自己的分析、总结形成文字，便于参与培训后总结自己的学习效果；二是及时反映给培训的组织者，让他们了解参与培训的班主任想学习的内容；三是可以选择那些针对自己需要的学习内容开设的培训活动。

2.专心学习，做好各种形式的学习记录

这种提高范式，多半是以专家、学者的专题讲座的形式进行。在参与培训的过程中，班主任一定要做好听课笔记，以便日后回顾；拷贝培训者的课件，便于日后回顾；如果有条件的话，可以进行录音或录像，便于日后进行品味式的学习。在每天的学习后，当晚还要及时整理学习笔记和学习心得，以消化吸收白天的学习内容。如果条件允许，班主任还要把听课中存在疑问的地方通过多种方式向授课专家和学者咨询。

3.总结培训收获，反馈学习目标的达成度

培训结束后，班主任一定要全面地回顾学习经历，总结学习收获，对照自己最初设计的学习目标，了解目标的达成情况，以便进行滚动式学习，以全面、及时地提高自己。

二、自主发展范式：初中班主任成长的最佳选择

班主任的成长是班主任在与周围环境积极地相互作用中，通过自身的各种实践活动实现的，是一种动态地回应各种影响因素的循环互动的终身发展过程。在这一互动

过程中，班主任的专业发展需要外在的支持，更需要自身的努力，即初中班主任要把自主发展范式作为自身成长的最佳选择。

（一）班主任自主发展范式的基本内涵

初中班主任的自主发展范式是指初中班主任具有自我发展的意识和动力，自觉承担专业发展的主要责任，通过不断学习、实践、反思、提升，使自己的教育教学能力不断提高，并不断向更高层次的方向发展。它强调初中班主任是专业发展的主人，对自己的专业发展负责。

（二）初中班主任实现自主发展的途径

班主任专业化个体素质建设应始终坚持把"学习—反思—研究—总结—实践—升华"作为自主发展的基本模式。

1.班主任自主发展的意识觉醒

长期以来，人们在探讨教师的价值时，过多地强调教师作为客体的价值，而忽视了教师作为主体的价值；习惯于从外部向教师作出规约，而缺乏从内部给予教师以本体性关照。

班主任要寻求"自主生存"，把社会价值的实现与个人成长的快乐、自我价值的实现联系起来，在教育实践中将角色与个性融为一体，使班主任工作成为张扬个性、肯定自我、升华价值、展示魅力的幸福事业。

2.班主任自主发展的目标设定

班主任自主发展的目标具体细化后分为几个方面：一是具备专业理念，如"以人为本"的教育观，"认识学生，研究学生，服务于学生成长"的学生观，"挖掘每一个学生的潜能，相信学生都能成功"的成长观，"以肯定学生的个性化发展为核心"的评价观等。二是具备专业道德，如爱岗敬业、团结协作、献身教育、热爱学生、促进发展、以身作则、为人师表等。三是具备专业知识，如现代班集体建设要素、比较完善的基础科学文化知识、边缘学科和新学科知识、最新科学技术和社会科学信息等。四是具备专业能力，如学习能力、组织能力、交际能力、科研能力、洞察能力、自我发展能力、创新能力等。

3.班主任自主发展的能力具备

班主任自主发展的自主能力是班主任专业发展的一个重要因素，它包括学习能力、研究能力、反思能力、自我提升能力等。在自主能力的这些能力要素中，反思能力是一种较高层次的能力，因为这种能力的形成和运用不仅需要反思意识，更需要反思素养。班主任的科学反思素养主要包括以下几点：

（1）积极的情感素养

班主任要具有科学而坚定的教育信念、不断进取的时代精神和实事求是的工作作风；要具有强烈的职业道德感，对社会负责，对学生负责，对自己负责；要具有合作精神，善于听取同事的建议和学生的意见，尤其是学生的意见。

（2）广博的基本知识框架

教育诊断知识、普通文化知识、学科专业知识、实践性知识都是班主任反思所需要的基本知识。

（3）科学的反思方法论

首先，要找准参照标准。班主任工作实践的对与错、先进与落后、对学生有帮助还是负面抑制，是在一定的参照标准下评定的，如果参照标准本身不正确或不准确，评定出来的结果就不可能正确。其次，要记反思随记。日常的班主任工作、生活中的事情处理的经过、感悟、发现等都可以随时记录到随记中。最后，要经常交流。班主任不会有意地去做错一件事情，也不会有意做得很差，主观愿望是尽量做得好，但实际效果怎样、问题出在哪里，自己往往难以发现，这就需要借助外界反馈来修正。

4.班主任自主发展的流程设计

班主任的成长历程不仅是知识的增多与方法的获得，更多地体现为班主任在实践中所表现出的教育机智的增长和批判反思能力的增强。因此，班主任的自主发展的基本流程设计应该分为五个阶段，即前期调查—确定初阶发展目标时期、初级实践提升时期、中期调查—确定中阶发展目标时期、个性化发展时期、策略拟订—设计行动方案时期。

（1）前期调查—确定初阶发展目标时期

班主任主要通过自我观察、回顾总结现有的能力现状、查阅学校有关业务档案等形式了解、确定自己的成长现状、因素与需求；通过文献查阅、专家咨询等方式了解优秀班主任的能力素养构成。在这两个任务完成后，班主任将确定自己的初阶发展目标。

（2）初级实践提升时期

班主任主要通过自学、参与研讨会、参加培训等形式不断完善知识体系，增强自身专业能力；在实践中，通过教育诊断、案例分析、及时总结等形式对自己以前尤其是当下的发展情况进行系统反思。总之，班主任要边学习、边实践、边反思，不断提高自己的素养。

（3）中期调查—确定中阶发展目标时期

班主任要运用自我观察、回顾总结及分析发展档案等形式分析自己的初阶发展目标的完成情况，在此基础上确定自己的中阶发展目标。

（4）个性化发展时期

在这一时期，班主任主要通过确定自己的研究主题、撰写反映自身班主任工作个性的论文等形式，在实践中形成自己的班主任工作个性。在这一基本流程中，贯穿始终的思想境界是"自主发展"，因此班主任对自身发展的反思和感悟都隐含在每个成长阶段中。

（5）策略拟订—设计行动方案时期

目标一旦确定，就要考虑实现目标所要采取的策略，即由具体的措施和活动构成的行动方案。班主任要根据自己的发展目标和各方面的条件，分析达成目标所需要的资源，确定达成目标所需要的特定的专业发展内容，进而确定完成自主发展任务所需要开展的活动，具体包括听课、研讨、检查学生作业、实施行动研究、辅导、专业阅读、记研究随记等。策略部分还必须包括实现目标所采取的步骤或阶段、相应的时间界限、所需要的条件和资源，以及获得这些条件、资源的方式和途径等。同时，班主任还要关注学校和当地教育机构的班主任自主发展活动计划；设计并安排自己的专业发展内容和活动，形成合理的、可行的行动方案；对可能存在的多种行动方案作全面的评估，以确定最佳的行动方案。在这一阶段，班主任的自我评价不能停留在简单的工作总结的基础上，要形成系统的制度，还要确定自我评估的专业技术和专业方法。

第二节　初中班主任的自我发展

一、初中班主任的成长规律与成长内容

从本质上讲，初中班主任的专业发展是一个自我建构、自我教育的过程。脱离了自身的自我发展意识，脱离了具体的工作环境和实践经验积累，就不会有真正意义上的初中班主任成长。因此，初中班主任的成长是有规律可以遵循的。

（一）初中班主任的一般成长规律

行业生涯发展理论认为，生涯发展是指个人预备或选择某一行业，并决定进入此行业，适应行业中的种种规定或要求，以及在此行业中扮演和学习各种角色，逐渐由较低层级升迁发展，成长进步到较高层次的历程。其发展过程可分为四个阶段：从艺或新进时期、成熟或专家时期、资深或视导时期、赞助或顾问咨询。

国内有些学者提出教师发展的阶段理论，他们认为教师的发展一般都要经历三个阶段，即规范化发展阶段、特色化发展阶段、个性化发展阶段。规范化发展阶段，即从一个初出茅庐的新教师逐步成长为一个合格的教师。这种"合格"的标志是能胜任教育教学任务。特色化发展阶段，即从一个合格的教师成长为有特长的教师。这种"特长"是指能创造性地完成教育教学任务，而且在完成任务中体现出了个体一贯的特色，如口才不错、情感热烈等。个性化发展阶段，即从特长教师成长为学科带头人，其标志是能发展性地开展教育教学。这种"发展"是指不仅创造性地完成任务，而且能向外输出自己的经验积累、感悟启迪，能影响身边的人和远处的人，成为本单位甚或这一领域的中坚力量或核心分子。

可见，教师的成长是有其自身的规律的，并且不是所有的教师都能成为优秀教师或教育名家，只有那些在教育教学中不断地学习和反思的教师才能走到教师生涯发展的最高峰。因此，教师刚开始参加工作就要做好自己的教师生涯目标设计。所谓教师生涯目标就是指教师在教育教学领域内，未来某一时点要达到的具体成就。

根据以上的分析及当前初中班主任的成长情况，笔者认为，单纯从初中班主任个

体的视角来分析，初中班主任的成长一般要经历以下五个阶段。

1.适应发展阶段（约在担任班主任的第 1 年）

在这一阶段，刚踏上班主任工作岗位的教师需要通过各种形式不断学习，并逐渐认同初中班主任的职业责任，实现由普通教师向班主任的角色转变。在此过程中，初中班主任逐渐熟悉基本工作职责、工作内容、工作方法等常规性工作；通过具体的班主任工作实践，不断地把静态的知识点转化为班主任工作的实践性知识和工作能力。一般在 1 年左右的时间里，刚担任班主任的普通教师就会完成这些转变，基本具备做一名初中班主任的素养。这个阶段是初中班主任成长的第一站。

2.规范发展阶段（约在担任班主任的第 2~3 年）

在这一阶段，初中班主任要具备从事班主任工作的基本知识体系与能力，尤其是具备独立的班主任工作实践能力，胜任初中班主任工作。班主任要及时发现班级中存在的教育信息，整合班级的各种教育力量，有效推进班级建设的日常工作，提高分析和了解学生、管理学生的基本能力等。

3.积累经验阶段（约在担任班主任的第 4 年）

这一阶段，初中班主任开始认同初中班主任岗位的职业价值，逐步形成系统的、较为先进的教育价值观体系，有了很多次成功开展班级建设的实践经验，形成了属于自己的工作方式，从而构建了自身经验体系。其中，部分班级建设效果显著的班主任将崭露头角，成为学校的优秀班主任。

4.成长徘徊阶段（约在担任班主任的第 7 年）

这一阶段，班主任有了两届左右初中班主任工作经历，基本的工作内容熟悉了，基本能力具备了，但也开始进入成长的"高原期"。有些班主任出现心理学上的"平台状态"，满足于自己已有的经验和技能，停滞不前；有些班主任意识到自己出现了成长的"高原现象"，但学校、自身现有的水平及支持条件又无法帮助其尽快度过"高原期"，因此很苦恼，找不到努力的方向；有些班主任则选取了新的努力目标，继续前进，开始学习新的教育理论，不断进行工作反思，总结得失，寻求常规工作的水平提升，并想形成自己的工作特色。

5.分化发展阶段（约在担任班主任的第 10 年）

这时，初中班主任一般都有了三届班级建设的经历，其成长开始出现分化。没能度过成长"高原期"的班主任将在此阶段开始走下坡路，不仅水平停滞不前，还有可能出现能力下降、不受学生欢迎的情况；没有度过"高原期"但仍在努力的班主任将会继续成长，成为一般意义上的优秀班主任，但不一定有更高层次的提升；少数度过"高原期"的班主任，不断用新的教育理论指导自己的班级建设实践，并对初中班主任工作形成了独特的见解，具备了独特的工作个性，有的甚至能给班主任改革带来很大的冲击，辐射影响某个地域或整个初中班主任工作领域，成为这一方面的专家。

（二）初中班主任的成长内容

1.前瞻的理智向度

前瞻的理智向度包括初中班主任工作特别需要的专业知识与理念，这是影响班主任工作的理性因素，是班主任工作科学化的保证。理念是指导行为的思想观念和精神追求。正确的班级建设目的观、先进的师生关系观、辩证的群体与个体发展关系观等都是初中班主任应有的重要理念。

2.投入的情意向度

投入的情意向度包括初中班主任对工作、学生的情感和态度，这是影响班主任工作的非理性因素，是促使班主任发挥教育智慧的内在精神动力。班主任只有把班主任工作当作一项事业、一门专业，才能具有强烈的使命感与奉献精神，才能悉心感受工作的深刻与美好，享受工作的乐趣。班主任只有热爱学生，才能产生强烈的责任感，焕发出无穷的智慧，才能深切地影响学生，有效地促进学生的精神发展。

3.高尚的品性向度

高尚的品性向度包括初中班主任自身的道德风采、心理素质，这是影响班主任工作的人格因素，是班主任进行精神劳动的核心力量，也是最丰富有效的教育资源。

班主任只有具备了高尚的道德情操、健康的心理，才能具有较强的专业自律性；只有富有责任感，才能真正热爱、理解学生，尊重、信任学生，公平、公正地对待学生，起到言传与身教的作用。

4.扎实的知识向度

就专业知识而言，初中班主任必须具备关于人的精神发展的知识，以及有助于发挥班级群体教育功能、协调各方教育力量的社会学、心理学等知识。

5.专业的能力向度

专业的能力向度包括班主任工作所需要的各种专业工作能力，这是影响班主任工作的效能因素，是高效有序地开展班主任工作的保证。专业的班主任能够提供特殊的教育服务，履行特殊的教育使命，善用独特的专业化能力。同时，作为一个专业工作者，班主任还必须具有专业的调研能力、自我发展能力等。

二、初中班主任成长职业倦怠的成因及消除

（一）初中班主任的职业倦怠的成因

初中班主任在成长中形成职业倦怠，其原因是多方面的，这里立足于初中班主任的自主发展，只分析班主任自身不足造成的职业倦怠，其他不再涉及。

初中班主任的成长需求更多体现在寻求自我价值的实现以获取尊重和专业发展上。应该说，学校对初中班主任的劳动强度、劳动成果等的评价有失公允，大多停留在班级的纪律是否正常，学习成绩（尤其是中考成绩）是否优秀两个指标上。最终评价和日常工作的割裂使初中班主任很难寻求到价值实现的契合点和兴奋点。另外，专业发展是一般初中班主任追求的重要目标，但很少有学校把班主任的成长纳入制度化、规范化轨道。综合这两方面的原因，当初中班主任的自我价值实现和专业发展的需求得不到满足的时候，便失去了工作的动力和前进的目标，创新意识和工作激情衰减，自然容易形成职业倦怠。

（二）初中班主任的职业倦怠的消除

从初中班主任自我发展的角度而言，可作为的就是进行心理调适。一是要经常审视自己的角色定位。班主任要深刻认识到初中班主任职责的神圣性、生命性。二是以积极的心态面对职业倦怠问题，提高自我消解压力的能力。班主任要做到了解自我、悦纳自我、评价自我；做到放松情绪，调整心态，减轻耗竭感，培养宽容、耐心、热情、乐观、幽默的良好个性品质。三是善于忙里偷闲。班主任要多参与一些有益身心健康的活动，健康、丰富多彩的生活情趣可以对职业心理产生积极的影响。

三、初中班主任自主发展的途径

（一）宏观途径：专业引领与实践反思的有机结合

初中班主任的自主发展，离不开专业引领。在职前教师教育阶段，师范生要充分发挥在校的优势，充分利用高校的丰富资源，自主学习有关班主任工作的课程，熟悉基本理论，具备一定的技能基础。在职担任初中班主任后，专业引领能够帮助初中班主任尽快熟悉新时期初中班主任工作的新要求，具备新能力。尤其是在初中班主任的成长进入"高原期"后，专业引领对于初中班主任提升专业智慧、获得新的成长等具有重要作用。

实践反思对于初中班主任的成长也是非常有现实意义的。主要有两个切入点：一是初中班主任在实践中要不断地将静态的理论、间接的知识经验转化为个体的实践性知识、基本工作能力，直至上升为个体的工作智慧。二是初中班主任要及时对自己的教育行为及结果进行审视，并不断改进自己的实践，提升实践水平。这将有利于改变班主任原有的心智模式，增强专业技能，提升人格素养。

尤其需要强调的是，在实践中，还要将二者有机统一起来。这是初中班主任进行自主发展的最高境界。在实践中反思，并有专业引领，就能切实保证班主任的自主成长是健康的，是有效益的。

（二）微观途径：初中班主任自主发展的八项修炼

1.建构教育理念体系

面对来自学生的问候，不同的班主任回应的方式是不一样的：有的班主任以话语方式回应，有的班主任以肢体语言回应，有的班主任对学生的问候置若罔闻。为什么不同的班主任对同一个教育事物的态度和处理方式不一样？那是因为不同的班主任对这一问题的认识不同，也就是说班主任的教育理念是有差别的。基于教育理念体系的差别，班主任有必要不断更新教育理念，形成成熟的、科学的、完善的理念体系。

2.运用自主发展范式

这一内容在本章第一节中已经做了详细论述，在此不再赘述。

3.改造教育经验

学校是检验理论的理想实验室，实践主体完全可以通过一个理论枝节的应用研究来系统地解决理论应用中遇到的一般性问题。因此，实践主体的教育生活里隐含着丰富的研究机会，为实践主体成为理论研究者提供了无限的可能，也使实践主体处在一个极其有利的研究位置上。另外，实践主体长期以来只是被动地听从理论主体的"指导"，其形象毫无专业意义。理论应用目标转换的完成，也赋予了实践主体以专业形象。另外，最鲜活的教育思想来自教育实践。综观国内20世纪中期以来的班主任工作改革，真正能给班主任工作改革带来现实价值的理论，多产自一线教师或和一线联系密切的专职研究人员之手，因为这些理论真正关注了班主任工作改革的逻辑起点与价值本体。而从理论成果的表达和分享上看，实践主体的表达使用的话语体系易于为一线教师接受，理论成果传播、分享的可能性更大。

实践证明，教育经验改造是初中班主任进行班主任工作话语体系建构的基本切入点。教育经验主要是指教师个体在具体的日常教育实践中的经历与体验以及由此而获得的知识或技能。班主任是依据自身不断积累的教育经验对外界的工作情景、工作表象作出判断，进而采取行动的。换言之，一方面，班主任在自身的日常教育实践中通过学习、交流与实践，不断反思、体悟、生产着自身的经验系统；另一方面，班主任又在不断运用自身的经验图式判断、选择、开展着自身的教育实践。从这个意义上讲，教育经验是把握初中班主任日常教育实践水准的重要指标。

初中班主任要能认识到自身的经验是什么，把自己的教育经验外显出来。自身经验的改组和改造的过程则是初中班主任处理已有经验与当前实践、自身经验与他人经验，以及自我经验与前人经验之间关系的过程。

实践经验的改造赋予了理论以实践内涵。以实践为取向的理论与以认识为取向的理论的突出区别，就在于它需要保有实践的充盈、丰富和生动，而绝不仅仅去寻找一个"被压瘪了的存在"。以实践为取向的理论不再被概念所固定，也不再被程序所控制。当然，在理论建构的过程中，班主任要加强对理论自身的建构。

4.分析学生行为

在初中班主任工作的推进中，分析数据、解读现象、查找资料、形成成果、养成思考习惯等很重要。尤其是很多管理实践，只要班主任仔细分析就可以提炼出极富价值的教育规律。

例如，学生如何和班主任打招呼就隐含了很多教育信息。学生和教师打招呼的方式不外乎几种："老师好！""老师您好！""X 老师好！""X 老师您好！"入学一个学期后，有的学生和教师打招呼的方式就变了，如一见面就冲教师扮个鬼脸，嘿嘿地笑两声。为什么学生在不同时期的问候语是不一样的？因为师生的关系不一样了。

"老师好！"何其平淡的一个问候，这表明班主任与学生的关系一般，班主任的教育意图在这类学生身上落实起来会很难。"老师您好！"多么的恭敬，里面隐含着敬畏，这说明学生有些怕班主任，班主任很难看清这类学生的真实个性。冲班主任扮个鬼脸打招呼，说明师生间的关系是非常融洽的，学生很信任班主任，班主任的教育意图在这类学生身上落实起来比较顺利。

班主任可以从事实中求真，在行动中求变，在发现问题中寻求解决方法。

5.写专业日记

专业日记是从专业发展的角度反思个人成长的经验得失，记录过程及体验。班主任写专业日记，在生活中寻找有意义的生活细节，实际上是在改进和重建自己的教育生活。因此，写是思想的提升，是思想的保存。班主任在落实常规工作、开展教育科研、观察现象、分析数据、阅读书报的过程中，总会有所感触，因此可以把自己当时的感触再三斟酌后以教育随记的形式写出来。

6.阅读经典教育著作

21世纪是信息时代，网络技术的普及使信息的传递迅速而广泛，获取信息的能力是班主任工作的重要能力。经常阅读，并逐步具备信息素养，是初中班主任快速成长的一个捷径。

但是初中班主任的阅读，不是寻常意义上的阅读。初中班主任应该读经典著作。经典著作历经时间的锤炼，是数千年来人类文化传承的载体。例如，《学记》中的很多观点，今天读来仍是很先进的。

7.推进师本研究

教育科研是运用科学的理论与方法，对教育领域中的理论或实际问题作出科学回答的系统认识过程。教育科研能力是初中班主任的重要能力。教育科研是初中班主任快速成长的必然选择。

那么，初中班主任怎样来开展教育科研呢？首先，班主任应根据各级主管部门的要求，结合自己的工作实际，以实用性为主旨选立研究课题，让教育科研真正服务于自己的班级建设工作，做到"师本研究"。其次，班主任要依托课题开展教育科研。前测、可行性分析、实验方法、成果总结等基本的科研素养，完全可以在完成一个课题的实验与研究过程中具备。最后，班主任要从教育科研的角度看待自己手头的工作，只有这样，才能保证教育科研的效益体现在日常的教育教学生活里，也才能保证教育科研深入、持久地开展下去。

8.运用网络社交平台

网络社交平台对于促进班主任的自主发展有着很大的优势。班主任可以将理论学习和实践感悟有机结合，在网络社交平台上记录工作日志、撰写即时性反思、描述教育事件。在网络社交平台上的创作，不是那种合乎学术规范的学术研究报告，而是描述自身与教育学世界中的诸主体相遇时的身体感觉、心理状态等。这样的创作易于把外在的理论转化为实践知识，进而转化为个人知识。随着这种反思的日积月累，个人知识体系就会发生质变，内化为自身的一种理念，从而更好地指导班主任的教育实践。班主任在网络社交平台上发布了反思性的信息后，随时与外界、同仁交流的可能性增大，班主任就可以通过别人的反馈和评价及时修正自己的思想和行为。

班主任以网络社交平台为载体记录自己的成长，容易出现的一个问题就是记录的内容过于琐碎、肤浅。要超越这一局限，班主任需要借助于"研究"，用"研究"的科学性给网络社交平台上记录的内容增添理性色彩。在选取研究方式时，笔者以为有三种方式必须关注：（1）行动研究。这种研究的问题来自教育实践，目的是改善实践，在教育实践中实施研究。（2）叙事研究。它是以讲故事或类似讲故事的方式，陈述自己的教育活动或教育经历，剖析、反思、揭示这些事件背后的意义和观念，并提出改进措施，寻求教育规律，其特征是通过故事叙事来描述人们在自然状况下的教育经验、教育行为、个体化的实践性知识，促进人们对教育的理解。（3）案例研究。它是指将问题或任务比较典型、教育过程比较曲折、发人深省的实例或管理实例作为案例，展开分析、讨论、研究。

第七章　初中班主任的反思性成长

政府、教育行政部门、教师教育机构和所在学校可以为班主任的专业化成长提供良好的外部环境，但是班主任要实现专业化成长，仅靠外在的政策引导、教育培训是不够的，更需要班主任理性地认识自己所从事工作的价值，对自己的工作充满自信与热情，发自内心地想做好这项工作，从而自觉自愿地提高自己的工作水平，努力使自己的工作达到专业的水准。因此，从本质意义上讲，班主任的专业化成长是一种自我建构。

在班主任的自我建构上，我们可以借鉴教师专业化成长的成功经验。美国心理学家波斯纳提出了教师成长的公式：经验＋反思＝成长，这种模式主张教师既要积极投身实践，又要反过来审视实践，摒弃了过去教师发展过于依赖经验的弊端，得到了普遍的认同。班主任作为"特殊类型的教师"，其专业化发展也适合这种反思性成长模式。

优秀班主任与普通班主任一个明显的区别是，在工作碰到问题时，他们很少怨天尤人，轻易地把问题敷衍过去，而是喜欢回过头来仔细分析问题形成的原因和应对的办法。这样，下次再遇到类似的问题就胸有成竹，解决起来也就游刃有余了。可见，工作中出现的困难和问题既是对班主任能力的考验，也是促进班主任反思性成长的机遇。优秀班主任往往善于抓住这些机遇，在理性的反思中自我调整、自我提高，不断提升自己的专业化水准。

第一节　反思的内涵

人们经常用到"反思"这个词语，但是很少有人去深究它的确切含义。有人认为反思就是思考，有人认为反思就是总结，有人认为反思就是反省，等等。"思考""总结""反省"与"反思"之间都存在着联系，但都无法准确地揭示"反思"的确切含义。在教育理论界，对"反思"的认识有所不同，定义也各不相同。在此，笔者借助一个典型的、成功的反思案例来讨论"反思"的基本内涵：

"不要叫我'人类灵魂的工程师'。"他说："我想，很少有老师愿意承认，自己正在从事太阳底下最光辉的职业。"

第一个让刘承伦产生这种感觉的是个姓郑的女生，但这种惭愧是在她毕业后才感觉到的。

一天，他走在街上碰到了这个孩子，她不但没有走过来打招呼，反而当街大叫他的名字。

"不是那种招呼式的叫，而是大声喊：刘承伦儿——，然后嘿嘿嘿地和旁边的人嬉笑。"刘承伦回忆道："我可以明显地感觉到，她看到我了，她是故意的，就是想刺激我。"

事后，刘承伦能回想起的和这位学生的过结，只有一条："她不爱写作业，所以我常常以此为由请她家长。"

那一刻虽然深深地印在他的记忆里，但却是因为另一个学生的遭遇而更突显出来。

就在几年前，刘承伦遇到了另一个女生，因为在学校说脏话，而且不愿承认错误，家长被请到了学校。听完刘承伦的陈述后，家长只说了一句：我把她领回家去！

刘承伦毫不在意地让他们走了。这个孩子以后几天都没来上学。当他再次见到这个孩子时才知道，她被罚在厕所里关禁闭，整整两天。

一种无法形容的眼神，充满了怨恨、仇视、委曲和不解——从一个11岁的女孩子眼里直勾勾地射向他，令他心如针刺，无法摆脱。

他给自己找了很多理由，但都没能说服自己。"我为什么要请家长？"他问自己：为了"教育"她？为了帮她改正错误？为了让家长知道自己的孩子有哪些毛病？最后，他只得出了一个自己从没想过的答案：为了惩罚！——而他的目的达到了。

这让他惊诧。这时，他已经当了近10年老师，"找家长"是老师们通行的最有效的"威胁"学生的方式，但他从没问过自己一次"为什么要这么做"；而面对学生对这种行为的恐惧，也从没自问过一次"他们为什么害怕"。

　　尽管刘承伦此后想尽种种办法对这个女生进行补偿，但始终没能从这次反思的压力中解脱出来。他开始追问自己：当老师究竟是为了什么？教育是为了什么？为什么那么多老师无法从工作中获得快乐？为什么那么多孩子对上课、学习和考试感到痛苦？而这一切，对社会的意义是什么？

　　……

　　刘承伦下决心要进行改变。

　　短短几年间，他的教育理论藏书成倍地增长。而他原来所关注的文学类书籍被挤到书架最偏僻的角落。一些崭新的教育思想和理论激荡着他。不断地尝试中，他收获了一些成功；但面对成长在和他完全不同的社会环境里的孩子们，他发现很多方法并不是那么有效，甚至遭遇到了他没有想象到的危机。

（江菲《在理想面前崩溃》）

从这则案例中，我们可以看出，反思一般来说包含以下几层含义：

一、反思的目的是超越性的

　　一个人如果对现实和自我十分满意，他一般倾向于维持现状，很难产生反思动机。反思源于对现实和自我的不满，其目的是要改变现状，超越自我，使一切朝着自己希望的、更好的方向发展。在上面这则案例中，刘老师如果坦然接受"人类灵魂的工程师"的美誉，认为自己正从事着"太阳底下最光辉的职业"，那么很难想象他会主动去剖析自己教育的失误。即便有学生敌视自己，也完全可以把他当作特例而置之不理，或为自己找到充足的辩护理由。正因为刘老师是一个追求完美的人，对现实和自己都有着很高的要求，所以面对学生怨恨甚至是敌视的目光，他才会"心如针刺，无法摆脱"，一切辩护都显得如此苍白。他开始主动反思教育，反思自己，"下决心要进行改变"，试图在不断的追问和尝试中寻找一条超越现实和自我的途径。

二、反思的视角是客观性的

　　人的情感和理性有时是矛盾的，情感总是倾向于自我保护，而理性却要求人跳出自我，尽量以客观的视角审视世界，审视自我。反思，特别是自我反思，经常会受到情感的干扰，人的自利本能会牵动反思朝着有利于自己的方向发展。因此，要做到反思的客观公正，就必须克服情感，服从理性，尽量保持价值中立，把自己作为反思的一般对象。在上面的案例中，通过反思，刘老师最终得出的是"自己从没想过的答案"，这是因为刘老师在反思时很好地做到了立足于自我之外，始终保持了理性的、客观的视角，以至于结果出来之后连自己都感到"惊诧"。虽然出于自我保护的本能，他也"给自己找了很多理由"，但在理性的驱使下，这些理由"都没能说服自己"，最终在不断的自我否定之中找到了令自己感情一时无法接受的真正答案。

三、反思的态度是批判性的

批判的态度首先意味着要对反思的对象进行客观的、理性的分析，分清真理和谬误，把握问题的实质，以求有一个全面而深刻的认识。当然，事物总是具有两面性的，但是正因为源于对现实和自我的不满，反思很少关注事物积极的一面，而是把注意力集中到事物的缺点和不足。这是批判的态度的另一重含义。在上面这则案例中，刘老师通过分析后果（学生"被罚在厕所里关禁闭，整整两天"）来追溯自己行为（"找家长"）的动机，通过抽丝剥茧，追根溯源，最终认定了自己找家长的潜在目的是"惩罚"，对自己的行为和动机有了一个深刻的把握。应该说，找家长虽然存在着种种弊病，但是也是学校与家庭教育力量整合的一种常规方式，自有其合理之处。但是刘老师没有分析找家长的好处，而是把目光聚焦于找家长对学生心灵的伤害和对师生关系的影响。不仅如此，刘老师还因为自己近 10 年来从未对找家长这种行为进行反思而充满自责，批判性的态度十分坚决。

四、反思的结果是建设性的

反思的目的是超越，是改进。这决定了反思虽然持批判的立场，但其结果却往往是建设性的。这种建设性主要体现在两个方面：一是引发深入思考，二是付诸改进行动。

反思是可以相互激发的，这一次反思的结果往往就是下一次反思的缘起，反思与反思之间环环相扣，层层深入，永无止境。在上面的案例中，对于自己行为的反思逐步引发了刘老师的一系列思考："当老师究竟是为了什么？教育是为了什么？为什么那么多老师无法从工作中获得快乐？为什么那么多孩子对上课、学习和考试感到痛苦？而这一切，对社会的意义是什么？"这些追问已经超出了反思找家长这种行为的范畴，深入到了对教育的目的、教育的本质、教育的意义等教育深层问题的反思。

反思来源于实践，又要归于实践。我们并不是为了反思而反思，反思的最终目的是采取行动。通过反思，我们可以获得与"习惯、传统或冲动"保持必要距离的张力，获得改进行动的若干知识和技能，以便弥补过去行为的不足，为将来的行为提供指导。在上面这则案例中，刘老师没有止于反思，而是"想尽种种办法对这个女生进行补偿"，尽力弥补自己给她带来的伤害。不仅如此，这次反思还促使他大量阅读教育理论书籍，并在"一些崭新的教育思想和理论"的激荡下"不断地尝试"。尽管这些尝试并非都取得了成功，有些"甚至遭遇到了他没有想象到的危机"，但这不会抹杀尝试的价值：理性的尝试本身就是一种积极的行为，不能以成败来决定它的价值；失败的尝试可以带来新的反思，很难说不是一种有效的资源。

第二节　班主任反思的意义

班主任为什么要进行反思？提到反思，有些班主任可能会提出这样的疑问。这是一个很好的问题，因为它关系到班主任反思的价值和意义，是关乎班主任有无必要进行反思的一个前提性问题。

笔者认为，班主任反思的意义可以从三个维度进行归纳：从班主任职业角度来看，集体性的反思能促进班主任工作理论体系的完备和实践操作的规范，有利于把班主任工作由职业提升到专业的层面；从班主任个体角度来看，反思能不断提高班主任的专业意识和工作能力，是班主任专业化成长的有效途径；从工作对象角度来看，班主任的思维品质和习惯会对学生产生直接的影响，班主任的反思有助于学生反思性思维品质和习惯的养成。

一、提升班主任工作的专业化水准

美国全美教师专业标准委员会所倡导的《教师专业化标准大纲》较明确地界定了教师专业化标准，它关于教师专业化的五条原则中的一条就是"教师系统地反思自身的实践并从自身的经验中学到知识"。班主任是特殊类型的教师，班主任专业化是一种特殊类型的教师专业化，反思对于班主任的专业化来说也具有十分重要的意义。

班主任工作要想成为一种专门的职业，既需要来自外部，如政府、教育行政部门、学校等的强有力的专业保障，也要求班主任群体拥有自觉的专业追求，在实践中反思，在反思中提高，不断提升班主任工作的专业水准。反思对于班主任专业化的意义主要体现在以下三个方面：

首先，反思有利于强化班主任工作的专业自律。任何一项职业要想成为无法替代的专业，都必须具有高度的自律性。专业自律保证了专业能够在一个良性的轨道上运行，为专业开辟了可持续发展的空间。这种自律不仅表现为从业人员伦理上的自我约束，还表现为对所从事的专业进行不断诘问与总结。班主任工作也是如此。对班主任工作的内涵、价值、内容、方式等问题进行系统的反思与追问，不仅可以使班主任群体始终保持清醒的自律姿态，使班主任工作始终保持专业独立性和专业尊严，而且可以使班主任工作更加明晰、系统和科学，从而达到提升其专业性的目的。

其次，反思有利于丰富班主任工作的理论体系。完备的理论体系是班主任专业化的另一个必备要素。理论总是来源于实践，是对实践经验的概括、归纳和概念化。在实践经验向理论形态转化的过程中，反思充当着筛选器和蒸馏器的功能。反思不仅能起到去伪存真的功用，逐步剔除实践经验中的谬误，还能去芜存精，在比较、整合实践经验中归纳其共性，并进一步提炼出理论的精华。班主任工作是一项实践性、时代性很强的职业。一方面，班主任工作理论需要随着社会形态、教育形势和学生情况的变化不断调整；另一方面，大量的班主任工作实践经验也提供了丰饶的土壤，有利于班主任工作理论的生长。因此，在班主任工作中，持续性、集体性的反思对于丰富、更新班主任工作理论，使班主任工作理论始终保持与时俱进的生命力有着至关重要的作用。

最后，反思有利于规范班主任工作的操作系统。顾名思义，专业就是专门的职业，"专"意味着它是不可替代的，必须经过长期训练才能获得从事该项职业所必需的技能。而目前，我国的班主任基本上是教师的"副业"，是在教学工作之外所从事的"业余"工作。既是"副业"，其重要程度自然就打了一个折扣，无论是教育行政部门还是教师教育、培训机构，对班主任实践操作能力培养的重视程度都很欠缺，对班主任工作的操作原则、操作程序、操作能力等没有进行系统的、充分的研究，没有明晰的、规范的班主任工作实践标准和评价体系。规范班主任工作操作系统，既需要展望未来，更需要回顾历史。反思百年来的班主任职业历史，特别是优秀班主任的成长经历和能力结构，可以从中抽取有益的实践经验和实践智慧，归纳班主任工作的共同原则和共同要求，推动班主任工作操作系统走向规范化、明晰化，提高班主任的专业水准。

二、促进班主任个体的专业化成长

专业化是一个不断发展、持续提高的过程。在工作中，班主任要根据社会形势的发展、教育目标的定位、学生的身心特点等因素的变化，不断调整和优化自己的专业理念和工作方法，以适应社会和教育发展的需要，实现自我的专业化成长。实践证明，反思是班主任专业化成长的有效途径。

（一）明晰班主任的专业意识

班主任的专业意识是指班主任对所从事工作的深刻理解和自觉认同。只有具备明晰的专业意识，班主任才有可能理性地、自觉地选择班主任职业，才有可能主动地、积极地投入到工作中去，才有可能有意识地提高自己的专业水准，使自己成长为专业化的班主任。专业意识的明晰可以通过很多途径来实现，反思就是其中的有效方法之一。班主任专业意识的明晰不是一蹴而就的事情，而是一个动态的过程。不少班主任在入职前专业意识很模糊，及时的反思有助于帮助他们尽快建立对班主任工作的基本认识。有些班主任虽然在入职前就对班主任工作有了一些了解和兴趣，但是，"绝知此事须躬行"，反思能促使他们及时总结工作得失，不断深化、修正对班主任工作的理解和认识。

（二）拓宽班主任的专业视野

班主任肩负组织、教育、管理班级的重任，是学生的精神关怀者和成长中的重要他人。特别是中小学班主任，由于面对的是身心尚未成熟的主体，其责任更为重大，工作更为繁杂。教育要培养全面发展的人，这一终极目标要求班主任必须具备宽广的专业视野，从发展学生全面素质而不仅仅是汲取知识的角度来承担起教育、培养学生的任务。反思能使人深入了解自己，客观认识自身的不足，并采取行动加以弥补。因此，持续的、深入的反思有助于班主任从狭窄的思维空间中走出来，在更宽广和辽远的专业视野中开展工作。

（三）提高班主任的专业技艺

班主任工作是一种技术，更是一种艺术，专业化的班主任需要具有专业化水准的班主任工作技艺。提高工作技艺的一个有效手段就是及时对自己的工作进行总结。总结不是简单地归纳和整理，而是同时进行分析和甄别，理性剖析工作的得与失、经验与教训。在这个意义上说，总结的过程同时也应该是反思的过程。提高工作技艺的另一条捷径是"拿来主义"，借他人的成功经验为我所用。但是，在班主任工作中，没有放之四海而皆准的经验，他人的经验之所以成功，总是和特定的环境联系在一起的。因此，在实行"拿来主义"时，一定要动用反思的力量，综合考虑班级、学生、自我等因素，对他人的经验进行分析和甄选，做到去伪存真，去芜存精。

第三节　班主任反思的主要内容

反思的对象十分宽泛，但凡现实社会中出现的事物，无论是具象的还是抽象的，都可以纳入反思的范畴。但班主任是一项特殊的职业，这决定了班主任反思的内容在总体上呈现一定的独特性。班主任反思的内容主要可分为实践反思、理念反思和职业反思三个由浅入深的层面。

一、实践反思

实践反思指向班级教育管理中出现的具体的行为、事件和现象等，是班主任反思的初级层面。班主任工作是一项实践性很强的职业，大量的工作实践不仅为班主任的反思提供了材料，也是激发班主任反思的原始动力。

在班主任工作中，最常见的实践反思是对失败的教育实践的反思。通常，失败会给人带来挫折感，为了化解这种负面的情绪，人们采取的策略有所不同。在面对失败时，优秀的班主任很少会推卸责任，减轻自己的挫折感，轻易地把工作中存在的问题敷衍过去。他们喜欢直面现实，追根究底，深入反思，认真分析失败的原因和应对的办法。

反思不仅仅是针对工作实践中的失误的，成功的实践往往也需要进行反思。通过反思，可以分析实践之所以成功的原因，提炼出成功的经验，反思实践中的不足，为以后的实践提供参考。这样，成功的实践就不再是孤立的个案，而是成为实践体系中的一个环节，具有更加广泛的意义和价值。对成功的实践进行反思的另一个重要意义在于，成功的实践不一定具有超越时空的真理价值，它往往是与特定的条件联系在一起的，换一个环境来实践，可能就不再是成功的了。有些班主任，特别是年轻班主任，在学习了优秀班主任的成功做法之后就奉为真理，不假思索地直接照搬到自己的工作中来，但由于没有考虑自己的教育风格、学生特点、教育时机、外在环境等客观条件，效果往往不佳。

班主任工作中一些具有普遍性的现象也是实践反思的应有内容。现象是性质相似的个体思想和行动的集合体，它具有一定的方向性，容易形成潮流，裹挟着人们向前走。正因为现象能对人产生比较强大的影响力，所以它的方向正确与否，往往会对个人和社会形成很大的影响。班主任做的是教育、引领学生成长的工作，对社会生活和教育中存在的若干现象更要具有洞察力和辨别力，否则难以胜任学生"导师"的角色任务。在工作中，班主任在选择反思的对象时不能仅凭一己之好，而要以学生为出发点，选择那些对学生影响最大的社会现象和教育现象进行反思。例如，很多班主任也许对追星不感兴趣，但是对追星现象进行反思绝对是有必要的。因为追星在学生中，特别是中学生中是十分普遍的现象。班主任必须对此有比较深入的了解和认识，才能对学生的追星行为进行教育和引导。

二、理念反思

理念反思指向班主任的教育、管理思想和理念，是班主任反思的中级层面。思想、理念是用来指导实践的，思想、理念的"差之毫厘"，就会带来实践的"谬以千里"。因此，对班主任的教育、管理思想和理念进行反思，是班主任工作实践不致走上歧途的基本保证。

班主任的教育理念不是一成不变的，它总是与特定的社会背景、教育背景乃至班主任的个人背景紧密联系。随着社会的变迁、教育的发展和班主任的成长，教育理念是不断更新变化的。反思能推进教育理念的推陈出新，帮助班主任以开放而严谨的态度吐故纳新，完成思想上、理念上的新陈代谢。例如，长期以来，很多班主任都把师生关系视为上下级关系，缺乏尊重学生权利的意识，侵犯学生权利。针对班主任教育观念中普遍存在的这种问题，有教师提出，作为班主任，理应维护、尊重学生的合法权利，使他们的合法权利不受侵犯。

当然，并不是所有的理念反思都要像上述例子一样，通过否定一种教育理念来张扬另一种教育理念。有时候，教育理念只是一部分不能适应社会和教育的发展，并不是完全错误的；有时候，教育理念本身是没有问题的，只不过在教师理解时出现了偏差。班主任在反思这些教育理念时，既不能奉若神明，也不能全盘否定，而要一分为二地加以分析，或条分缕析，辨明真伪；或追根溯源，还其本相。例如，"再苦也不能苦孩子"这句口号曾经风靡大江南北，受到社会各界的认同，被不少教师奉为教育信条。但是，有的班主任对这句口号的理解不够全面，认为学生学业上应该苦一些，关键是身体上不能受苦。针对这种情况，有的班主任通过分析提出，中国学生在学业负担上很苦，应该减负，但生活上和身体锻炼上所吃的苦还远远不够。

理念反思与实践反思之间有十分密切的联系，因为很多教育、管理理念隐藏在行为实践之后，对实践进行反思往往会自然而然地深入到理念反思的层面。请看下面这则案例：

> "六一"国际儿童节前，学校少先队大队要表彰一批优秀少先队员，每个班级有 5 个名额。到底该推荐谁呢？我决定用民主选举的办法。在班会课上，全班同学进行了投票选举。经过公开唱票，结果很快统计出来，排在前 4 位的是陈逢、戴荔、俞阳、王闻哲。让大家有些为难的是，还有两位同学的票数并列第 5。

中队长问我怎么办？我想了想说："我投一票给他们中的一位，不就解决了吗？"

我刚要投出自己这一票，一个学生举手发问："丁老师，你为什么要投票？"

"我是你们的老师，我当然可以投票。"我不假思索地回答。

"那，别的老师也可以投票吗？"他紧接着问。

咦，这个问题我倒没有想到，但我很快又想出了一个理由："我是中队辅导员，理应参加少先队的活动，其他老师不用参加。"

哪知道，立刻又有几只手臂高高举起来，小家伙们不依不饶："可是，你应该和我们同时投票，不能等结果出来后再投票。"我一下子愣住了，学生们能有如此强烈的民主意识，我深感惊讶。尽管当时的我有些尴尬，可仔细一想，学生说得实在是很有道理。我尊重了学生们的意见，没有投出自己那一票，也没有重新投票。根据投票的结果，我们班向少先队大队反映，请求增加1个名额。

这件事过去很久了，我却难以忘怀。在某种程度上，这是给我上了一节民主教育课。我既为学生们所表现出的民主意识感到欣喜，同时也意识到，身为教师，特别是班主任，迫切需要提高自己的民主、平等意识。长期以来，班主任虽然自称是班级的一员，但却是特殊的一员，对班级的一切事务都有最终的决定权。在貌似民主的形式下，我们既损害了学生真正的民主权利，也可能会挫伤他们稚嫩的心灵。

苏霍姆林斯基曾这样告诫我们："请任何时候不要忘记，你面对的儿童是极易受到伤害的。"希望每一位教师都能以民主、平等的观念对待学生！

（丁如许《尴尬的一票》）

在这则案例中，学生对班主任的投票权进行了质疑，引发了班主任对自己行为的反思，觉得"学生说得实在是很有道理"。至此，反思还停留在针对这一件事情的实践反思上。但是，随后班主任又对这件事情进行了进一步深入的反思，意识到这些"貌似民主的形式"下实际上隐藏着教师"民主、平等意识"的缺乏，是教师的教育观念出了问题，自觉地把反思的触角延伸到了理念的层面。

三、职业反思

职业反思指向班主任职业本身，是班主任反思的高级层面。作为一种职业，班主任的角色定位、专业特性、素养结构、成长机制，甚至是班主任存在的必要性等问题都值得反思。职业反思既可以提高班主任的专业化水准，也可以帮助班主任对自己所从事的职业有更清晰的了解，有利于班主任增强专业意识，自觉提高工作水平。

职业反思中比较常见的是对班主任素养结构的反思。班主任素养与每个班主任都有直接的关系，一直都是班主任关注的焦点。社会和教育的持续发展对班主任的素养不断提出新的要求，这导致了班主任的素养构成不是亘古不变的，而是一个不断变化、不断调整的动态结构。反思除了能推进对班主任素养的研究，从宏观上优化班主任素养结构之外，还能促使班主任自觉调整社会期待与自身素养之间的差距，有利于班主任的个体素养结构的完善。例如，在传统的教育观念体系中，学生被定位为教育的对象，其主体价值并不明确。但是，随着主体性教育理念的深入人心，随着基础教育课程改革的推进，学生的主体性受到越来越多教师的重视，因此有人提出，班主任在一切教育教学工作中要树立以人为本的理念，对班主任的素质提出了新的要求。

对班主任角色定位的反思也是班主任职业反思的重点之一。班主任是学校教育系统的有机组成部分，他们在学校教育系统中担当怎样的角色，他们的地位、作用是什么，他们与班级和学生之间的关系该如何定位等，对于这些问题的理解和回答对班主任工作的开展具有前提性的作用。在很长一段时间，班主任被定位为班集体的组织者和管理者，在这一角色定位之下，班主任的主要工作就是日常的班级事务管理。针对这一角色定位狭隘化趋向，有学者通过深入分析班主任工作的特色，指出班主任应该是全面关心学生发展的教师，是学生的精神关怀者和学生成长发展的重要他人，对班主任的角色重新进行了更为全面的定位。

近年来，班主任专业化问题开始成为班主任反思的焦点。很多中小学没有专职的班主任，班主任都是课任教师兼任的，是教师教育教学工作之外的"副业"。这种尴尬的定位直接带来了班主任队伍的流动性过大、班主任缺乏自我提高的动力等负面影响，对整体提高班主任工作水平和班级教育质量十分不利。针对这一现象，有学者进行了深入的反思，认为班主任作为班级教育的主任教师，他的角色定位决定了他的工作有着与非班主任教师教学工作不同的特殊性。因此，班主任并不是每一个教师都能担任的，而应该成为一种专门的职业，需要经过系统的训练、达到一定的专业标准后才能担任。

在职业反思中，有人甚至对班主任体制提出了自己的看法，进行了理性的反思。有的教师认为，现行班主任制对学生是缺乏人本关怀的，它难以调动学生的积极性，已不能适应学生个性发展的不同要求，应该分割班主任的职能和责任，建立一个以核心班主任为主的全员班主任集体，分工合作，扬长避短，使教师在充分发挥个体潜能、实现个人价值的同时，充分发挥学校教育教学的整体效能。这种反思已经触及班主任设置的制度层面，在班主任职业反思中具有非同寻常的意义。

第四节 班主任反思的基本途径

在教师反思研究中，人们从不同的角度出发，提出了很多种反思的途径和方法。结合班主任工作实践，笔者认为，实践、研究和互动这三种途径在班主任反思中比较具有代表性，是班主任反思的基本途径。

一、在实践中反思

班主任工作是一种实践性很强的工作。班主任要提高自己的工作水平，必须学会建立"反思—实践—再反思"的反思型实践模型，在实践中学会反思，在反思中优化实践。

研究表明，从反思与实践的发生次序来看，在实践中反思可以分为以下三种：一是对实践反思，二是实践中反思，三是为实践反思。这三种实践反思对于班主任来说都是必要的。

（一）对实践反思

对实践反思是指反思发生在实践之后，是一种事后反思。这种事后反思在班主任工作中非常常见，是班主任反思的主要途径。对实践反思对于被反思之事可能意义不大，但是这种反思是十分必要的，因为它能起到"前事不忘，后事之师"的作用。在事后反思中，班主任能够对所经历之事有一个客观而深入的了解，及时总结经验教训，为下次类似的实践提供认知上、策略上和行动上的参考。

班主任应该在第一时间进行反思，因为事情刚刚发生，细节历历在目，此时反思有利于全面把握事情的经过，清晰梳理其中的功过得失。但是，趁热打铁式的反思有时会有"不识庐山真面目，只缘身在此山中"的不足，因此班主任应在不同的时间、从不同的角度、以不同的角色对实践进行反复的反思。

（二）实践中反思

实践中反思指反思发生在实践过程中，是一边实践，一边反思。实践中反思可以随时对实践进行实时评估，再根据评估的结果不断地进行调整，使实践变得更加灵活和多变，有利于实践以恰当的方式、向着正确的方向发展，从而形成比较完美的结局。请看下面这则案例：

> 一位班主任苦于学生不听话，就列了一份"黑名单"，准备在家长会上点名批评。但是，后来事情却发生了变化：家长会如期进行，家长们首先集中在操场上，听学校领导讲话。忽然，她发现班上有些学生居然还在校园里玩，便跑过去大声呵斥道："放学了还不走，看你们什么样子，一天到晚就知道玩！"学生们低着头走了，其中一个走了几步又跑到老师面前小声地说："老师，我们只是想一边玩一边等散会后把班上的凳子搬回去。"刹那间，老师无言以对，一种复杂的感觉从心中冒出来，一方面，她愧疚，因为错怪了学生；另一方面，也感到高兴，没想到这几个家伙还想着集体；还有，她很困惑，以前怎么没发现他们也有优点呢？也许受这件事的影响，她终究没有念出这份"黑名单"，没有把家长会开成"批判大会"。
>
> （李妮《苹果核和五角星》）

这是一个典型的实践中反思的案例：班主任在实践（开家长会）中遇到了事先没料到的事情（学生主动准备搬凳子），这件事引发了班主任的反思，使她认识到自己原来对学生的看法是有失偏颇的。于是，在这一反思结果的促动下，她及时对预先设定的家长会方案进行了修改，从而达到了比较好的结果。

（三）为实践反思

为实践反思类似于古人所说的"三思而后行"中的"思"，是一种超前性反思。它是在实践之前就未雨绸缪，对将要发生的事情进行预先的思考，对可能出现的情况进行预测。相对而言，对实践反思和实践中反思都具有一定的被动性，带有一定的应激性质，而为实践反思更具主动性和积极性，对实践的定向、发展和结局的正面影响也更为明显。

著名班主任魏书生曾这样反思道：

……面对犯错误的学生，一位教师真可以扮演十几种乃至几十种不同的角色。

我可以扮演一个大发雷霆的莽撞的角色，使自己生一顿气，也使学生生一顿气。

我可以扮演一个不负责任、听之任之的角色，结果学生愈来愈淘气，我的威信也愈来愈低。

我可以扮演有极丰富的经验的教师角色，给学生分析吵架的弊端危害，帮学生订出避免吵架的措施，使学生佩服得五体投地。

我也可以扮演对学生只训斥、挖苦一通，别的方面一筹莫展的角色，使师生之间心理上有了隔膜。

我还可以扮演学生外祖母的角色，先施以关心爱抚，再进行教育指正。

我又可以扮演学生的严父、慈母、兄长、亲属的角色，使学生感到亲人般的温暖和爱护，在温暖中改正错误。

我可以扮演学生的好朋友的角色，扮演和学生一起淘气的伙伴的角色，再现学生淘气时的心理，然后使其心悦诚服地同我一起将他的错误思想捆绑起来。

我当然也可以扮演生理保健医生、心理诊疗医生的角色，分析学生犯错误的生理与心理原因，然后帮助其排除障碍。

……

总之，我面前虽是两位吵架的学生，我却不只有两种处理这个问题的选择。选择的角色不同，决定着教育效果的不同。

我选择了严父与心理诊疗医生的双重角色，先施之以爱，继而给予具体细致的心理分析。他们听着我的分析，既没有吓得胆战心惊，又对错误有深刻的认识，对自我进行了有效的解剖。他们心悦诚服地受到了教育，并学到了控制自己错误的方法，我也为自己角色选择的成功而涌起一股欢乐。

（魏书生《班主任要努力改变自我》）

魏书生之所以让学生"心悦诚服地受到了教育，并学会了控制自己错误的方法"，产生了圆满的效果，是因为他在事前对自己的角色进行了广泛而深入的反思，在深思熟虑和充分比较之下，选择了恰当的角色和正确的教育策略。

二、在研究中反思

很长一段时间以来，研究被认为是专业科研工作者的事情，中小学班主任不仅没有必要进行研究，也缺乏研究的能力。20 世纪 70 年代中期，劳伦斯·斯滕豪斯提出"教师即研究者"的观念，对这种看法进行了颠覆性的批判。斯滕豪斯的这一观念现在已经被人们普遍认同，对班主任的专业发展也具有指导性意义。

班主任要实现专业化发展，除了要具备基本的学科和管理知识、技能等外，还应具有深厚的教育理论修养、广阔的教育前沿视野、敏感的教育问题意识、过硬的教育科研能力。

提到研究，很多中小学班主任都会有畏难情绪，觉得研究是专家的事情，自己难以胜任。其实，研究并不一定要以建构一套系统的理论体系为目标，也并不一定要以纯理性思考的方式进行。它可以是对一个教育案例客观而深入的剖析，可以是对一种教育现象冷静而理性的反思，也可以是对一条教育原则独辟蹊径的诘问。总而言之，在班主任工作中，研究的时机处处都有，反思的方式多种多样。从宏观角度来看，班主任的反思性研究大致可以分为行动研究和理论研究两大类。

（一）行动研究

行动研究，通俗地讲就是研究者为提高对所从事的实践活动的理性认识以及加深对实践活动的理解，以提高实践活动的质量为目的而进行的研究。行动研究的流程为：计划—行动（实施计划）—系统地观察、反思—重新计划—进一步应用—再观察、反思。从这一流程可以看出，反思既是前一次行动的结束，又是下一次行动的起始；既是前一次行动的果，也是下一次行动的因。在整个行动的过程中，反思始终贯穿其中，把一次次单独的行动联结成一个前后勾连、因果相依的整体行动，是行动研究不可或缺的重要环节。让我们来看著名班主任李镇西的反思性行动研究：

> 反省使李镇西变得深刻。他一路高歌一路走来，走过了"教育浪漫主义"，走过了"教育现实主义"，走过了"教育理想主义"。如果说有着班徽、班旗、班歌（学生作词，谷建芬谱曲），贴着江竹筠、毛岸英、奥斯特洛夫斯基肖像，书有"先烈时刻注视着我们"标语的"未来班"是他"教育浪漫主义"的杰作的话，那么，针对学生心灵需要开展学生青春期教育，出版第一本教育专著《青春期悄悄话——致中学生的 100 封信》；针对集体主义教育中压抑个性、依赖教

师、追求虚荣等"假集体主义行为"进行剖析的批判，撰写"集体主义教育漫话"专栏（《河南教育》），刊发《沉重的思考》一文（《中国青年报》）；针对语文教育脱离社会现实，脱离学生生活这一情况，提出"语文生活化，生活语文化"口号……这一时期，应当归纳为"教育现实主义"。而 1997 年 7 月调入具有悠久文化历史的千年名校成都石室中学，继而 2000 年秋暂别成都石室中学，来到苏州大学师从朱永新教授攻读教育哲学博士学位，也许可以称为李镇西人生和思想的分水岭。在石室中学民主宽松的学术氛围中，在朱永新教授悉心尽力的指导下，这位矢志追随陶行知和苏霍姆林斯基的思想者和实践者，提出了属于他自己的教育理想主义：为现代化中国培养 21 世纪的公民！

（袁卫星《李镇西：燃亮教育反省时代的希望之光》）

李镇西的经历就是典型的行为研究的教育历程：从"教育浪漫主义"到"教育现实主义"再到"教育理想主义"，李镇西始终带着一种矢志不渝、永不满足的追求精神，在行动中反思，在反思中行动，在不断的自我诘问、自我批判中从一个高峰走向另一个高峰。

行动研究中的反思可以通过多种途径实现，如通过个案研究进行反思，通过调查研究进行反思，通过教育实验进行反思，通过教育叙事进行反思，等等。在实践操作中，我们不一定要"从一而终"，拘泥于某一种方法，而是可以对多种反思性研究方法进行有效的整合，以取长补短，发挥其综合效应。

（二）理论研究

行动研究虽然有贴近实际、贴近班主任、行动改进效果明显等诸多优点，但是它偏重个体行为的研究和反思，个体性、实践性特征比较明显，班主任的反思性研究如果仅限于此，未免过于狭隘。相较而言，理论研究的思辨色彩较浓，普适性较强，能够有效弥补行动研究的空白，与行动研究形成互补。

理论研究与反思之间是相互促进的。人云亦云、亦步亦趋不是理论研究应有的品格，理论研究贵在创新，贵在有研究者独到的见解。因此，理论研究者必须有良好的反思品质，在不断的怀疑和追问中发现新问题，提出新观点。同时，理论研究也是提高反思力的有效手段。理论是人类智慧的结晶，它能够穿透现实的迷雾，把"提纯"之后的现象世界的本质呈现出来。理论研究让班主任得以站在"巨人的肩膀上"来审视和反思自己的工作，因为起点较高、视野较广，这种审视和反思也就容易走向深入。有一位教师在阅读了苏霍姆林斯基的《给教师的建议》后，写了这样一段文字：

读书使麻木的心开始解冻。于是，我的视野投向了所有我能接触到的教育杂志和理论书籍之中。我开始感觉到一种难以形容的尴尬，我这个在当地还算一直走在前列的老师，竟然感觉到自己被这个时代甩得好远好远！我无法掩饰自己一脸的羞愧，并开始在羞愧中扪心自问：我是一个"教育者"，我从走上讲台的那一瞬间开始，就没有想过把它当作一个混饭吃的职业，而是把它当作自己挚爱的事业来追求的啊！可是，我对"教育"究竟懂得多少？我所做的一切，究竟离真正的"教育"有多远？

（阿麦《反思：一种刮骨的疼痛》）

在这则案例中，这位教师不仅对自己进行了反思，而且从"在当地还算一直走在前列的老师"的沾沾自喜到"觉到自己被这个时代甩得好远好远"的羞愧，从把教育"当作自己挚爱的事业来追求"到明白自己对教育懂得的还不多、离"真正的'教育'"很远，巨大的认识落差证明了他的反思还是十分深刻的。

他之所以能够如此彻底地对自己进行反思，是因为他把视野投向了所有他"能接触到的教育杂志和理论书籍之中"，在理论研究中提高了自己的反思能力和水平。

三、在互动中反思

互动是班主任反思的又一个载体和平台。有人说：你有一个苹果，我有一个苹果，那么相互交换之后我们还都只有一个苹果。但是，如果你有一种思想，我也有一种思想，那么相互交换之后我们却各有了两种思想。可见，交流互动往往会带来双赢的结果，对于互动的各方都有好处。在反思问题上也是如此，互动能带来信息和观点的交流与碰撞，这种交流和碰撞不仅能够拓宽互动各方的视野，而且能激发他们思维的火花，使他们对共同关心的问题有更深、更广的理解和认识。

班主任反思性互动的对象并不确定，班主任与学生、教师、家长、专家等各种人都能实现互动。但是，因为工作和服务的主要对象是学生，所以班主任反思性互动的主要类型还是师生互动。

由于与班主任朝夕相处，学生对班主任比较熟悉、了解。同时，作为旁观者，学生对班主任的评价往往比班主任的自我评价要更加客观。在工作中，班主任不妨把学生当成一面镜子，经常与学生进行交流，认真听取学生的意见和建议，反思自己工作的成败得失，以提高自己的工作水平。请看下面这则案例：

　　为了改进教育教学工作，班会上我请学生们给我提议，并承诺有错必改，知错必纠。有同学提议说："老师，希望你能把你眼镜的茶色镜片换成透明镜片，这样能让我们看见你的眼睛。"我一怔：是啊，透过茶色镜片，我能清楚地看到学生们的一举一动，然而学生们却不能通过眼神和我交流。眼睛是会说话的，她会是一种鼓励，一种期待，一种赞许，一种关心，一种欣赏，一种批评……而茶色眼镜却让我与学生间产生心理距离，阻塞了我与学生间的情感交流，小小的镜片竟成了很大的障碍，而自己却一无所知，唉！我不禁有些汗颜……

　　我当即表态：明天就去换镜片！明天，明天一定去重新配镜片，让爱重新流淌在我与学生之间。

（周习平《茶色眼镜》）

　　很多教师都戴茶色眼镜，但是很少有人能想到这会影响与学生之间的交流。案例中的这位教师就不同，他发现茶色眼镜问题虽然很小，但对师生间的交流乃至心理距离的影响都很大，反思不可谓不深刻。而反观其反思的动因，就是学生的一个提议，可见，师生间的交流常常能激发班主任的反思意识。

　　班主任反思性互动的实现途径很多，课堂、班会、座谈、研讨、报刊、网络等都可以为班主任搭建有效的反思性互动平台。其中，网络是反思性互动的新型媒介，值得班主任去了解和运用。

　　作为反思性互动平台，网络具有其他传统平台难以替代的优点。首先，网络联结了整个世界，把制约人们交流的物理空间压缩为零，可以实现跨越全球的实时互动。其次，网络是一个开放的虚拟空间，只要具备基本的装备和技能，每个人都可以在网络上发表意见，成为网络互动的成员，互动的时空限制、身份限制都大为减弱。最后，网络上不断更新的海量信息也为班主任反思提供了便利的外部条件。

　　班主任网络互动的方式有很多，如进入专题聊天室或 QQ 群与志趣相投者进行实时交流；在与班主任工作有关的论坛上发帖子、回帖子，发起或参与话题讨论；创建班级主页，为自己和学生建立互动的虚拟空间等。不同的方式有不同的特点，班主任可以根据自己的实际情况灵活选择和运用。

第八章　初中班主任的教育科研

第一节　教育科学研究的意义

一、教育科学研究是教育自身变革的要求

教育活动与人类文明同步发展,但是从整体上说,古代教育基本上是经验性教育,教育活动的内容和形式变化都比较缓慢。20世纪以来,随着社会变化的加剧,教育的变革也成为社会变革的一个重要方面,从而产生了一大批像蔡元培、陶行知、梁漱溟等教育改革家,产生了对教育性质、特点、效率的回顾和反思,形成了一大批教育改革的理论。现在,社会的发展更加迅速,教育的差异性更加明显,教育变革的要求更加深刻,教育科学研究的迫切性也就更为强烈。

二、教育科学研究是教育创新的要求

一位教育工作者要有对教育本质的思考,对教育现象的个人解读,对改进教育工作、提高教育质量的孜孜追求,并最终形成自己独特的教育教学风格。所有这些都是以教师强烈的研究意识和自觉的研究活动为基础的。教育工作者要根据不断变化的教育对象和教育内容,不断突破别人和自己的经验,在教育科学研究中逐步形成富有自己个性的教育教学风格。

三、教育科学研究是班主任的必备素质

教师职业专业化程度的不断提高，必然要求教师不仅具有扎实的学科基础，而且具有职业的独特品格和能力，这就是"双师型"教师。教育科学研究的意识和能力是其中非常重要的一个方面。从班主任自身的发展看，参与研究能够帮助教师从日常繁杂的班级管理工作中脱身，在劳动中获得理性的升华和情感上的愉悦，提升自己的精神境界和思维品位。班主任从事研究的最终目的不仅是改进教育实践，而且要改变自己的生活方式。在这种生活方式中，班主任能够体会到自己存在的价值与意义，逐步实现专业化发展。

第二节　初中班主任教育科研的方法

在教育科研中，仅用单一的方法进行研究不容易得出科学的研究结果。每一种方法都有其优点与局限性，采用单一的方法，往往只能获取部分信息，而遗漏许多其他有用的信息，难以作出全面准确的判断。因此，初中班主任应使用综合的方法，或几种方法并用，或以一种方法为主，其他方法为辅。

一、文献研究法

文献是指记录知识的一切载体，是把人类文化知识用文字、图形、符号、声频、视频等手段记录下来的东西。教育文献的主要载体是图书、报刊、会议文献、论文、科技报告、专利文献、磁盘、光盘及各种音像视听资料、微缩胶卷、胶片等。文献研究法是指通过查阅、收集、分析、综合有关的科研文献材料，获取所需利用的信息、知识、数据和观点，并力图找寻事物本质属性的一种研究方法。运用文献研究法能够全面正确地掌握所要研究问题的情况，帮助研究人员选定研究课题、确定研究方向，

为教育研究提供科学的论证依据和研究方法，提高科学研究的效益。

文献研究法的主要步骤有：

1.分析和准备阶段，包括分析研究课题，明确检索的课题要求与范围，确定课题检索标志，确定所需文献的作者、文献类号、表达主题内容的词语和所属类目，进而选定检索工具、确定检索途径。

2.搜索阶段。搜索与所研究问题有关的文献，从中选择重要的和确实可用的资料，按照适当顺序阅读，并以文章摘录、资料卡片、读书笔记等方式记录收集材料。

3.加工阶段。从收集到的大量文献中摄取有用的情报资料，对文献进行去粗取精、去伪存真、由表及里的加工工作，包括剔除假材料，去掉重复、陈旧、过时的资料，保留全面、科学、深刻地阐明所要研究问题的一切有关资料。

文献研究法适用于研究不可能直接接触的研究对象，有利于纵向分析研究，尤其是研究发展趋势一类的问题，如德育模式综述、中学生人格培养研究等。但文献研究法也有些缺点，获得的文献不一定能够满足研究者的需要，受一定历史阶段的限制，可能有偏见、不完全或有选择的残缺。

二、行动研究法

行动研究法切合中小学班主任的实际，其目的不在于建立理论、归纳规律而是针对教育活动和教育实践中的问题，在行动研究中不断实践、不断反思、不断提高，解决教育的实际问题，体现中小学教育科研"问题即课题、教学即研究、成长即成果"的特点。行动研究法是"教师即研究者"这一现代教育理念的具体实践，是班主任专业发展的具体途径。

行动研究是中小学班主任对自己的教育实践的反思性研究，是一种普及型的适宜大众化推广的研究方式。行动研究从对问题的界定和分析开始，有对行动计划及实施情况的反思，并在此基础上对行动加以改进。行动研究具有兼容性和开放性的研究方式，根据需要兼用个案研究法、观察研究法、调查研究法、经验总结法、文献研究法等多种研究方法。

行动研究法具有动态性的特征，所有的设想、计划都处于开放的动态系统中，是可以修改的。其步骤包括：1.预诊。对班级管理中的问题进行反思，发现问题，并根据实际情况进行诊断，得出行动改变的最初设想。2.收集资料初步研究。查找解决问题的有关理论、文献，听取各方意见，以便为计划的拟订作好诊断性评价。3.拟订计划。拟订计划以实际问题解决的需要为前提，也是可以修订更改的。4.行动。在实施计划的行动中，边执行，边评价，边修改，注意收集每一步行动的反馈信息。行动的目的不是检验某一设想或计划，而是解决实际问题。5.总结评价。要对行动背景因素、行动过程、行动结果等方面的内容进行考察，行动过程包括什么人以什么方式参与了计划实施，使用了什么材料，安排了什么活动，有无意外的变化，如何排除干扰；行动结果包括预期的与非预期的、积极的和消极的。总结评价是对行动研究过程及其结果的反思。反思是行动研究第一个循环周期的结束，又是过渡到另一个循环周期的中介。这一阶段除了要对研究中获得的数据、资料进行科学处理得到研究所需要的结论外，还应对产生这一课题的实际问题作出解释和评价。

三、案例研究法

案例是对现实生活中某一具体现象的客观描述，通常是真实的故事，是实践中遇到困惑的真实记录。教育案例是对教育活动中具有典型意义的，能够反映教育规律或教育思想、教育原理的具体事件的描述、总结和分析。

关于案例研究法的认识，要注意三点：一是所有的案例都是事件，但并不是所有的事件都可以成为案例。能够作为案例的事件必须包含一个或多个疑难问题，也可能包含解决这些问题的方法，应该具有一定的典型性，具有遇到同样或类似事件如何应对的借鉴意义和价值。二是所有的案例都是故事，但并不是所有的故事都可以成为案例。案例讲述的肯定是一个故事，其中会有一些生动的情节、鲜活的人物。作为案例的故事必须是一个真实的事例，来源于实践，不能凭空杜撰；要有从开始到结束的完整情节，不能支离破碎。三是所有的案例都是对某一个事例的描述，但不是所有事例的描述都可以成为案例。事例的描述中要包括一定的冲突，反映教育教学工作的复杂性。虽然一项练习、一个难题、一篇文章也可以在课堂上调动学生的积极性，但它们并不能称为案例。

案例研究法的结构包括四个部分：1.主题与背景。每个案例都应有一个鲜明的主题，通常关系到课堂教学的核心理念、常见问题、困扰事件，富有时代性，体现现代教育思想和改革精神。2.情境描述。案例描述不是课堂实录：无论主题多么深刻，故事多么复杂，都应该以一种有趣的、引人入胜的方式来讲述。案例的描述要具体、明确，不应笼统、抽象、概括。3.问题讨论。设计一份案例讨论的作业单，提出建议讨论的问题，深入展开讨论。4.诠释与研究。对案例作多角度的解读，可包括对课堂教学行为作技术分析、教师的课后反思等，案例研究所得的结论可在这一部分展开。这里的分析只有回归对课堂教学基本面的探讨才能展现案例的价值，如果仅限于个别情境或特殊问题，或陷于细节、技巧的追索，就会失去真正的意义和价值。

四、个案研究法

个案研究法是对单一的研究对象进行深入而具体研究的方法。个案研究的对象可以是个人，如对一个或少数优秀生、后进生进行个案分析；也可以是个别团体或机构，如对某先进班级或学校进行个案研究。个案研究既可以研究个案的现在，也可以研究个案的过去，还可以追踪个案的未来发展。个案研究既可以作静态的分析诊断，还可以作动态的调查或跟踪。个案研究一般对研究对象的典型特征作全面、深入的考察和分析，认识个案的现状或发展变化的进程。例如，对学习后进生的研究，需要从原有知识基础、学习态度、学习方法、学习能力、教师教学和家长辅导等方面综合考察，还要进行前后左右的对照和比较，从而对该生进行全面、深入的了解和认识。个案研究不能仅仅停留在对个案的研究和认识水平上，须提出积极的教育对策，促进个案的发展，以认识教育与发展之间的因果关系。

在一定意义上说，每个班主任都应该是一名教育研究者。但由于班主任把主要时间、精力放在教育教学工作上，开展大规模的教育调查和严格控制实验，往往存在一定的困难。而个案研究法的对象少，一般都是在没有控制的自然状态中进行的，因而适合班主任的研究。

个案研究法的操作步骤有：

1.确定对象。个案研究适合对优秀生或后进生进行研究与辅导，以及对那些不能预测控制或由于道德原因不能人为造成的事例进行研究，如对后进生学习障碍的研究、对某学生采取特殊教育的研究等。

2.个案现状评定。个案评定要全面，除了对突出方面要有专门的测量与评定外，对个案的一般情况也应有全面的了解与评定。例如，学生的学习成绩不仅与教师、集体、兴趣等有关，还与他的家庭、朋友以及其他环境有关。

3.个案历史资料的收集与分析。研究个案的发展要从个案历史资料的相互比较中找出某些方面发展演化的脉络，因此班主任要尽量全面地收集有关个案的一切材料。例如，当个案是一名学生时，要收集学生的历次品德评语、升学考试成绩、单元测验成绩、近几年的作业本等，还可以让研究对象回忆自己的发展，介绍一些对自己影响较大的事情和人物等。

4.诊断与因果分析。在对所收集的历史资料与现代资料进行比较分析的基础上，理清个案发展变化的脉络，找出哪几个因素对个案在某些方面的突出发展有较明显的意义，形成初步的认识，然后再进行深入的分析。

5.个案发展指导。在分析与诊断的基础上，针对个案如何发扬成绩克服缺点，设计一套因材施教的方案并加以实施。

6.追踪研究。教育是长期活动，有时要在一段时间以后才能比较全面、准确地看清某一教育措施的效果。对于个案研究，特别是施以发展指导的个案研究，有必要进行较长时间的追踪观察，以测定与评价其指导措施。

个案追踪研究法是对相同的个案进行长期而连续性的研究，研究者能真实而直接地获得研究对象发展变化的第一手资料，能深入了解个人或某一教育现象的发展情况，弄清发展过程中的个别差异现象。对于研究青少年学生身心发展的顺序性、阶段性、成熟期、关键期，以及研究复杂教育现象的发展变化，某一教育理论的验证，某一教育措施的实施，某一教育方法的探索，某些教育现象之间前后发展的因果关系等，都具有重大意义。

五、叙事研究法

教育叙事研究是研究者以叙事、讲故事的方式表达对教育的理解和解释。它不直接定义教育是什么，也不直接规定教育应该怎么做，它只是给读者讲一个或多个教育故事，让读者从故事中体验教育是什么或者应该怎么做。教育叙事研究特别适合于班主任。班主任能够以类似于自传的方式叙述自己生活中的教育故事，这种教育记叙文比传统的教育论文更能引起读者的共鸣，更能体现作品的研究价值。撰写教育论文是每个班主任在成长过程中都要面对的事情，也确实有许多班主任在写论文的时候犯了难。其实，班主任作研究要关注发生在自己教育生活中的故事，并通过对这些故事的叙述去反思自己的教育教学，从而改进和重建自己的教育生活，而不是去写那些自己也不理解的理论文章。因此，教育叙事研究是值得提倡的一种研究取向。

教育叙事研究的方式主要有两种：一种是班主任自身同时充当叙说者和记述者，叙述的内容属于自己的教育实践或解决某些教育问题。这种方式主要由教师自己实施，也可以在教育研究者指导下进行，追求以叙事的方式反思并改进班级管理工作。另一种是教师只是叙说者，由教育研究者记述。这种方式主要是教育研究者以教师为观察和访谈的对象。

六、经验总结法

教育经验总结法是根据教育实践所提供的事实，分析概括教育现象，挖掘现有的经验材料，并使之上升到教育理论的高度，以便更好地指导新的教育实践活动的一种方法。教育经验总结法要透过现象看本质，找出实际经验中的规律，从而更加理性地改进自己的教学方法。

所谓经验总结法，就是研究者、实践者依据一定的价值取向，对某种实践活动进行回溯性的研究，将感性认识上升为理性认识，从局部经验中发掘其普遍意义，探求事物发展规律的活动。从教育科研的角度讲经验总结，就是强调总结的程序是科学的，而不是随意地把事实回顾一下或再讲几点体会就算经验总结。

经验总结作为教育科学的一种成果，具有以下三个方面的特征：

1.新颖性。行之有效的教育经验是从教育实践中产生和提炼出来的，是近期教育实践活动的理性概括，更是教育客观规律的反映，或观点材料新颖，或形式方法新颖，对当前的教育实践活动具有很强的针对性和指导作用。

2.普遍性。教育经验的普遍意义在于经验要经得起一定时间、空间和相关实践的检验，在应有的时间、空间范围内，在相同的条件下，所有运用类似方法的实践活动都可以获得成功。

3.实践性。经验总结多是针对教育实践中的具体问题，既包括带共性的原理、原则在实际操作运用中的问题，也包括教育实践中具有特殊性、个性化的问题。这些都是人们在教育实践中探索并试图解决的课题。

　　对经验的总结仅停留在表面性的描述上，这是目前普遍存在的一个问题。当然，对经验进行直接、准确的描述，是经验总结的前提，然而仅用比喻和修饰语去描述经验是不能揭示教育现象的规律性的。教育经验的提炼是指根据经验总结的目的要求及其主题，从教育经验事实出发，依据教育基本理论，对事物或现象作出科学概括和界定，揭示它们之间的本质联系。进行科学性经验总结必须对经验事实进行必要的理性提炼。总结出来的经验并不一定完全能揭示教育规律，因此就需要对经验进行不断的科学筛选，通过筛选，提取其本质的东西，抛弃其非本质的、附加的东西，从而使经验上升到具有普遍意义的理性认识，揭示教育规律。总结经验时要注意借鉴国外教育发展的正反两方面的经验，要注意批判地继承我国历史上的传统教育经验。这不仅可以直接吸收有益的东西，也可以避免重复走别人走过的老路。

第三节　初中班主任教育科研的步骤

一、选定课题

　　科研课题，即研究的题目，是依据研究目的，通过对研究对象的主客观条件进行分析而确立的研究问题。初次进行教育科研的人，往往把研究课题选得过大，以为大课题就有研究价值。实际结果往往事与愿违，这些问题或者在规定的时间内根本无法解决，或者无法获得可信的科学结论。如"中国青少年道德情感研究"这个课题就太大了，使人难以入手。但若进行较小课题的研究，则有较强的可操作性和针对性，容易获得成果，如"愉悦情感在班级管理中的作用""学生自律能力培养个案研究"等。因此，选择研究课题要从实际出发，选择研究范围与实际研究条件相适应的课题，力求使所研究的问题清晰、具体与可操作化，提高课题研究成功的可能性。

　　从资料来源和时间看，教育科研课题可分为历史性课题与现实性课题。前者主要通过对历史资料的分析，探讨不同历史时期教育的特点，吸取历史经验和教训，揭示教育的规律。后者主要通过对现实教育资料的研究，认识和解决现实教育中的问题，也包括建立在现实基础上的教育预测及未来教育研究。

从研究的内容看，教育科研课题又可分为综合性课题和单一性课题。综合性课题主要指同时涉及教育若干领域或若干方面内容的课题，如德育课程问题研究、学生干部培养与管理制度研究等。单一性课题主要是对教育的某一方面或某一现象进行探讨，如学生行为研究、学生学业成绩研究等。

从研究手段看，教育科研课题可分为实验性课题与描述性课题。前者主要指通过实验设计来实现研究目的的课题，后者主要指通过调查研究、资料分析、逻辑推理等手段实现研究目的的课题，又称论理性课题。

选题主要有四个原则：一是需要性原则，即根据教育实践的发展，选择迫切需要解决的问题；二是新颖性原则，即有新意、有新知，能言人之所未言，具有一定的首创性，如对同一课题的不同方面进行研究，或者持完全相反的观点，或者对已有的研究进行完善补充；三是可行性原则，即是否有研究的可能，资料、设备、人员、时间、经费等条件是否具备，课题研究成果有无普遍推广价值；四是科学性原则，即必须具有事实根据和理论根据，符合科学原理和教育规律，具备科学价值。

班主任要在教育实践活动的观察中发现课题。班主任若以科学的敏感观察教育实践活动，以学术的敏感进行理论思考，就不难发现一批极有研究价值的课题。由于生活水平的提高、经济与文化的发展，不少中学生的生理成熟期提前了，班主任在深入观察与思考后可以对中学生的青春期教育提出一系列问题，如中学生青春期生理发育和心理发展的现状如何，中学生性观念是如何形成的，社会与学校文化环境对青少年性意识的发展有何影响，青春期教育对学生个性形成有什么意义，如何对学生的心理平衡能力进行培养和训练，如何对学生青春期的心理健康进行咨询与指导等，从这些问题出发，可以形成许多研究课题。

班主任若能对某些教育现象进行深入的思考与调查，也会从中发现颇有价值的研究课题，如优秀班集体的目标与评价研究，班集体中学生基础文明行为的培养与训练研究，班集体中狭隘集体主义观念的表现及教育研究，优秀班集体形成的动力机制研究，团队精神培养研究，中学生健全人格塑造研究，儿童道德启蒙教育研究，中学生价值观、道德观、民主观的培养研究等。

在各种理论文献、教育类报纸杂志、会议交流论文集、专题资料集以及有关的课题指南之中，都有教育科研成果与动态的反映，班主任可以从中发掘研究课题；可以寻找并填补其中的空白区；可以继续他们提出而没有解决的问题的研究；也可以对前人的理论提出疑问，经过研究提出新的见解和主张；还可以参与学术上的争鸣、讨论。

二、资料综述

确定选题以后就要对所选题目进行进一步的了解，查阅与课题有关的重要文献，从中了解前人对这个问题已经做过哪些重要工作，哪些问题已经解决，哪些是遗留下来尚待解决的问题，他们采用什么研究方法，所得到结论的科学性如何。只有把以上问题弄清楚之后，班主任才好开始新的研究工作。科研工作贵在创新，如不了解前人已有的成就贸然从事，势必重复别人的老路，不会给科学宝库增添什么新东西。班主任的教育科研工作并不是从零开始的，对于前人已有的宝贵科研成果一定要尊重，要利用。因此，查阅资料是万万不可忽视的。查阅文献要有方法，为了节省时间和精力要先查索引，看文摘，阅读科研情报及科研动态，然后按图索骥，从中查找与自己研究有关的重要资料，耐心细读，在读后作摘要或记录，直到全部掌握这方面有关的重要资料，不能再发现新的内容为止。

资料综述应注意以下四个问题：

一是及时性。资料的搜集与整理，是时间性很强的工作。研究专题一经确定，即应立即着手资料工作。很多资料往往过目即逝，再想搜集常常事倍功半，甚至失而不得。资料到手，应尽快整理入档，避免遗忘或丢失。

二是全面性。无论横向还是纵向，要使占有的资料具有一定的广度。资料既要有一定数量，又要有一定质量、有典型意义，以尽可能少的资料包容尽可能多的内容，提高资料利用效率，为研究工作提供坚实的基础。

三是独创性。独创性是指对问题的认识能有新的水平，资料中的独创性因素是每份资料的主要价值所在。

四是批判性。任何文献资料都是一定社会条件下的产物，在不同程度上反映了撰写者的立场、观点和学识水平。因此，搜集材料的过程是判识材料的过程。教育科研工作伊始，班主任就应该用分析批判的眼光，对已有材料的真伪正误进行鉴别，在这个基础上，认识它们的学术价值，以便在自己的研究中加以运用。

三、制订方案

课题的研究方案一经制订，课题研究就有了明确、清晰、可行的思路。课题研究方案明确规定了研究范围和目标，具体规划出整个研究步骤，研究者能有计划、有系统地进行研究。如果没有研究计划，盲目地凭感觉去研究，绝对不可能获得科学的研究成果，课题研究也不可能顺利进行。有的科研课题确定后便无声无息，或半途而废，就是因为没有明确的研究方案。

尽管教育科研的课题众多，所用的具体科研方法也有所不同，但是课题研究方案的基本结构大体是一致的。教育科研方案的基本结构包括课题的界定与表述，研究的背景、目的、意义，研究范围和内容，研究方法，研究对象，研究程序，成果形式，研究组成员，经费预算等。

（一）课题的界定与表述

课题名称必须明确表述所要研究的问题，尽可能表明三点：研究对象、研究问题和研究方法。例如，"初一新生人际交往实验研究"，研究的对象是初一学生，研究课题是人际交往，研究方法是实验法。

（二）研究的背景、目的、意义

首先要阐述课题研究的背景，即根据什么、受什么启发而搞这项研究的。因为任何课题研究都不是凭空而来的，都有一定的背景和思路。其次，要阐述此项研究的目的和意义，即为什么要研究，研究的价值是什么，要解决什么问题。阐述课题国内外研究的历史和现状时，要认真、仔细地查阅与课题有关的文献资料，了解前人或他人对本题或有关问题作过哪些研究，把已有的研究成果作为自己的研究起点，并从中发现不足，从而确定自己研究的特色或突破点。

（三）研究范围和内容

对研究范围进行界定，包括两个方面：其一是对研究对象总体范围进行界定，如研究中学生素质，以经济发达地区中学生为研究对象和以经济欠发达地区中学生为研究对象，所得到的结论就可能不一样；其二是对一些研究对象的模糊概念进行界定。

研究范围限定以后，就要着手考虑具体的研究内容，研究内容必须准确体现研究课题。有了具体的研究内容，就可以依据研究内容设计更为具体的研究方案。如"班主任德育素质对中学生思想品德影响的研究"这个课题，属因果研究的范畴，在考虑具体研究内容时至少要包括"班主任德育素质""德育素质评价""中学生思想品德状况与班主任德育素质的关系"等内容。

（四）研究方法

任何科学研究除了要应用哲学方法和一般科学方法之外，都要有具体的研究方法、技术手段。教育科研的每一项课题都要有相对应的教育科研方法。例如，对中学生素质现状进行研究，必然离不开调查法；研究如何培养中学生素质，一般要用经验总结法；探讨一种新的教学方法是否优于原有的教学方法，则宜采用实验法。"研究方法"这一部分主要反映课题的研究要"做些什么"和"怎样做"。除了要叙述清楚使用什么方法进行研究之外，还要尽可能写得细致一些。如果用调查法，可写明调查方式是问卷还是访谈。如果用问卷调查，最好能将设计好的问卷附上。如果是访谈调查，尽可能附上访谈提纲。若采用经验总结法，可以把总结经验的内容项目、实践方案及运用何种方式积累材料、预计积累哪些资料一一写出。

（五）研究对象

研究计划的制订还要充分考虑课题对被试代表性和典型性提出的要求，选定具体研究的被试，以保证研究结果可以说明一个地区、某一类情景或某一类对象的一般规律性，以使研究的结果具有普遍的指导意义。确定研究对象的方式方法有总体研究和抽样研究。如果是总体研究，对总体范围要有具体说明；如果是抽样研究，则要说明抽样方法和样本容量。

（六）研究程序

设计研究程序，就是设计研究实施步骤、时间规划。对于研究的每一步骤、每一阶段的工作任务和要求，每个阶段需要的工作时间，研究者不仅要胸中有数，还要落实到方案中。这样，研究者可以严格按步骤和时间要求进行研究，自己督促自己，自我检查计划的完成情况，保证课题研究按时保质完成。课题研究的管理者也可依据此研究程序对课题研究进行检查、督促与管理。

（七）成果形式

研究者要从一开始就着手设计将来用什么形式表现研究成果，积累材料，构思框架，进行分工，以利于研究成果的顺利问世。

（八）研究组成员

在研究方案中，将课题研究组负责人、成员名单及分工情况写出，目的是增强课题研究组成员的责任感，以利于计划的落实。

（九）经费预算

教育科研经费的预算不仅要有具体数目，而且要写清用途。从课题管理角度来说，对此要审批，还要监督使用情况，如果发现使用不当，或者因研究者主观原因未能完成科研任务，要有惩罚措施。

四、实施方案

实施方案的过程要着重抓好教科研规范化的组织管理、动态管理和信息管理。学校要成立教科研领导小组、德育研究会，建立科研网络，形成"骨干攻关、以点带面、全员练兵"的良好局面，促使教科研为提高教育教学质量服务。在实施方案的过程中，班主任要通过阶段评估实现动态式的管理，对原来方案中的不妥之处及时予以修正，对盲目、无序地研究及时给予纠正。学校要重视信息管理，广开信息源，建立信息网络，把分散的信息活动统一到信息系统中，充分发挥信息在方案实施过程中的作用。如果信息闭塞、信息失真或浪费，就可能丧失时机，出现决策不当的情况，导致课题管理混乱，甚至挫伤大多数人的积极性。

五、总结反思

总结反思是班主任以自己的班级管理过程为思考对象，对自己所做的行为、决策以及由此所产生的结果进行审视和分析的过程，是一种通过提高参与者的自我觉察水平来促进能力发展的途径。总结反思与通常所说的静坐冥想式的反思不同，常常需要教师之间的合作。班主任通过总结反思观察所发生的行为，借此来理解自己的行为与学生反应之间的因果联系。反思成为理论和实践之间的对话，是两者之间相互沟通的桥梁。

总结反思的过程分为以下四个阶段：

1.具体经验阶段。这一阶段的任务是使班主任意识到问题的存在，并明确问题情境。在此过程中，接触到新的信息是很重要的，他人的经验、自己的实践、各种理论原理等都会起作用。一旦班主任意识到问题，就会感到不适，并试图改变这种状况，于是进入反思环节。

2.观察分析阶段。获得观察数据的方式有多种，如自述与回忆、观察模拟、角色扮演，也可以借助于录音、录像、档案等。在获得一定的信息之后，班主任要进行科学的分析，看驱动自己的各种思想观点到底是什么，与自己所倡导的理论是否一致，自己的行为与预期结果是否一致等，从而明确问题的根源所在。班主任应广泛收集并分析有关的经验，以批判的眼光反观自身，包括自己的思想、行为、信念、价值观、目的、态度和情感。

3.重新概括阶段。在观察分析的基础上，班主任应反思旧思想，并积极寻找新思想与新策略来解决所面临的问题。此时，新信息的获得有助于更有效的概念和策略办法的产生，这种信息可以来自研究领域，也可以来自实践领域。由于针对班级管理中的特定问题，而且对问题有较清楚的理解，这时寻找知识的活动是有方向的、聚焦式的，是自我定向的，因而不同于传统教师培训中的知识传授。

4.验证阶段。这时要检验上一阶段所形成的概括的行动和假设，它可能是实际尝试，也可能是角色扮演。在检验的过程中，教师会遇到新的具体经验，从而又进入具体经验的第一阶段，开始新的循环。

在以上四个环节中，反思最集中地体现在观察和分析阶段，但它只有和其他环节结合起来才能更好地发挥作用。当然，在实际的反思活动中，以上四个环节往往前后交错，界限不甚分明。

六、成果展示

教育科研的成果不应该成为展品、藏品，其推广应用的价值极大。一项有价值的科研成果不仅要在学校里推广应用，而且要在校外产生积极的影响。科研成果主要包括文本成果、人本成果、校本成果等形式。文本成果有专著、论文、案例、音像制品等；人本成果指研究人员和一线的课题管理人员的科研素养普遍提高，思维方式、工作方式等均有较大的转变，创新意识和能力明显增强；校本成果指涌现一批新型学校、新型教师，形成个性化的学校特色。

参考文献

[1]孙美娟.初中数学教学与班主任管理[M].青岛：中国海洋大学出版社，2020.

[2]王红予.班主任管理策略[M].成都：电子科技大学出版社，2017.

[3]纪明峰.班主任工作技巧[M].北京：北京教育出版社，2018.

[4]贾素娟，杜钰，曹英梅.学生教育与教学管理研究[M].北京：中国商务出版社，2019.

[5]李新义.智慧课堂教学理论与实践[M].合肥：安徽教育出版社，2018.

[6]学生高效率学习的心理研究课题组.自主·乐学·会学：中学生高效率学习的心理研究[M].成都：西南交通大学出版社，2018.

[7]宋丽婷.初中班主任专业能力研究[J].天津教育，2020（27）：22-23.

[8]周友绪，杨连娟，王增祥.班主任工作[M].北京：航空工业出版社，2018.

[9]金效奇.班主任工作策略研究[M].长春：吉林人民出版社，2020.

[10]何万国.现代班主任工作研究[M].成都：西南交通大学出版社，2022.

[11]薛晓阳，蔡澄，申卫革.班主任工作原理与策略[M].镇江：江苏大学出版社，2020.

[12]魏书生.班主任工作漫谈[M].桂林：漓江出版社，2020.

[13]薄俊怀.班主任工作与专业化建设[M].天津：天津科学技术出版社，2019.

[14]胡小萍，叶存洪，夏小红.班主任工作与班级管理[M].南昌：江西高校出版社，2018.

[15]彭兴顺.班主任工作新技能[M].天津：天津教育出版社，2018.

[16]徐琰，郝新秀.班主任教学与管理探索[M].长春：吉林人民出版社，2021.

[17]侯显伟，周换萍.现代班主任教学反思[M].成都：电子科技大学出版社，2016.

[18]王鸣军.在初中班主任工作中融合运用现代教育技术的实践[J].学周刊，2023（20）：163-165.

[19]陶丽娟.初中班主任管理工作中运用沟通艺术的探究[J].学周刊，2023（20）：160-162.

[20]张鑫.新媒体视域下初中班主任管理策略[J].学周刊，2023（19）：160-162.

[21]王慧芳."双减"政策背景下初中班主任管理策略探究[J].学周刊，2023（18）：154-156.

[22]王成.初中班主任心理健康教育的思考与实践[J].基础教育论坛，2023（07）：109-110.

[23]陈玉亭.初中班主任情感教育方法的探讨[J].科技风，2023（10）：10-12.

[24]王东东.家校合作中初中班主任工作策略探究[J].读写算，2022（11）：104-106.

[25]李艳系.基于立德树人的初中班主任工作有效性与创新性实践的研究[J].求知导刊，2022（33）20-22.

[26]张光春.初中班主任创新班级管理策略初探[J].教书育人，2022（28）：72-74.

[27]王华.初中班主任对学生进行心理疏导的探究与实践[J].求知导刊，2022（29）：26-28.

[28]罗远聪，周敏波，王自诚.初中班主任如何开展生命价值观教育[J].广西教育，2022（25）：7-9.

[29]韩雪玲.初中班主任开展德育的重要性及意义探讨[J].新课程，2022（30）：224-226.

[30]赵莉莉.新课改下初中班主任德育工作的问题及应对措施[J].读写算，2022（23）：43-45